누구도 피할 수 없는 상속과 세금

상속의 시대

누 구 도 피 할 수 없 는 상 속 과 세 금

상속의 시대

이종은 · 박지원 · 임은지 · 김원일 지음

현직 대표세무사 4인이 쉽게 풀이한

상속 · 증여 Q&A

좋은땅

머리말

2024년 1월 15일

세무법인 한뜻 대표세무사 **이종은**

저는 그동안 세무서 및 구청에서 10년 넘도록 무료상담을 해 왔습니다.

많은 고객분들과 상담을 하면서 어떻게 하면 어려운 세법을 쉽게 설명할 수 있을까 고민을 많이 하였습니다. 특히 상속세와 증여세 부분은 나이가 많으신 어르신부터 젊은 분들에 이르기까지 많은 관심을 가지고 계시고 세율이 높기에 절세할 수 있는 방법을 많이 고민할 수밖에 없었습니다.

상속세는 과거 부자들만 내는 세금으로 알려져 있지만 지금은 아파트 1채만 있어도 상속세 및 증여세를 걱정하는 사회가 되었습니다.

미국은 배우자 간 상속세 및 증여세가 없으며 자녀에게 상속 및 증여 시 160억까지는 비과세인데 우리나라는 30억만 초과하여도 50% 세율로 상속세 및 증여세가 과세되기에 절세가 아주 중요합니다.

재산을 불리는 것도 중요하지만 자녀들에게 지혜롭게 물려주는 것 역시 중요합니다. 상속과 증여를 미리 준비하면 과도한 세 부담을 피할 수 있을 뿐만 아니라 부모의 재산을 둘러싼 형제들 간의 분쟁도 피할 수 있으며 부모의 재산이 성공적으로 자녀에게 승계될 수 있습니다.

상속세와 증여세는 다른 세목에 비해 복잡하게 느껴지고 이해하는 데에도 많은 어려움을 겪고 있습니다. 이러한 점을 알고 스터디하는 세무사들과 다양한 상담 사례, 경험 등을 토대로 납세자들에게 도움을 드리고자 이 책을 발간하게 되었으며 이 책은 세법을 잘 알지 못하는 사람들도 누구나 읽기 편하고 이해할 수 있도록 사례를 들어 쉽게 쓰고자 노력 하였습니다.

"같이 모이는 것은 시작을 의미한다. 같이 협력해서 일하는 것은 성공을 의미한다."

저 혼자였다면 이 책을 저술하지 못했을 겁니다. 이 책이 나오기까지 몇 달 동안 매주 스터디를 하면서 멤버들과 많은 고민과 노력을 하였습니다. 각자 바쁜 스케줄 속에서도 저술에 참여해 준 박지원 세무사, 임은지 세무사, 김원일 세무사와 출판에 도움을 주신 관계자분들에게 진심으로 감사드립니다.

존경하는 부모님, 장인·장모님과 소중한 아내와 연지, 도윤에게 사랑한다는 말을 전합니다.

고객들의 절세를 위해 끊임없이 노력하고 찾아가는 세무사가 되겠습니다.

2024년 1월 15일

지원세무회계사무소 대표세무사 **박지원**

　최근 들어 상속세 대비를 어떻게 하면 좋을지에 대한 상담이 많이 늘어
나고 있는 상황에서 최소한 이것만 알고 계시면 세금폭탄을 맞지 않아도
된다라는 내용을 알려드리고 싶은 마음에 같이 스터디를 하는 세무사님
들과 이 책의 발간을 결정하게 되었습니다. 최대한 일반인들의 관점에서
알기 쉽고 이해하기 쉬운 방향으로 쓰고자 노력했습니다.

　이 책을 통해 조금이나마 상속세와 증여세에 대한 인식을 정확하게 하
여 예비납세자분들에게 유용한 정보가 제공되길 바랍니다.

　책을 쓰는 동안 저를 많이 도와주고 항상 든든하게 지원을 해 주는 남편
과 부모님, 오빠에게 너무 감사드리고, 항상 든든하게 사무실을 지켜 주는
우리 직원들에게도 감사한다는 말을 전하고 싶습니다.

　그리고 나의 보물, 지유에게 사랑한다는 말을 전합니다.

2024년 1월 15일

세무회계 두이 대표세무사 **임은지**

집필에 참여한 세무사님들의 공통 의견은 "어떻게 하면 이 책을 통해서 전문가가 아닌 사람도 증여세 상속세를 쉽게 이해 할 수 있을까"였습니다.

세무에 대한 기초지식이 없어도 쉽게 이해하기 위해서는 사례를 중심으로 내용을 집필하는 게 도움이 될 수 있다 판단하여 최대한 주변에서 빈번하게 일어나는 사례를 중심으로 집필하도록 노력했습니다.

"진정한 선한 영향력은 다른 이들이 나아지도록 도와주는 것입니다." 이 책을 통해서 많은 사람들이 세무를 이해함으로써 더 나은 길을 찾을 수 있기를 바랍니다.

마지막으로 아낌없이 지지해 주는 남편 태준 오빠, 나의 사랑 리아, 그리고 나의 정신적 지주 한영순 여사님께 감사하고 사랑한다는 말을 전합니다.

2024년 1월 15일

세무회계 원리원 대표세무사 **김원일**

알면 藥(약), 모르면 毒(독)

이 책을 통해 여러분께 소개하고자 하는 주제는 바로 "상속세 및 증여세"입니다.

재산과 부의 이전에 관련된 세금은 많은 사람들에게 생소하고 어려운 주제로 다가올 수 있습니다. 그러나 이 세금은 우리 삶과 재산 계획에 큰 영향을 미치는 중요한 부분 중 하나입니다.

상속세 및 증여세는 미래를 준비하고 가족의 재무 안정성을 확보하는 데 있어서 핵심적인 역할을 합니다. 이 책은 상속세 및 증여세의 기본 개념부터 심화 내용까지 다루며, 독자들이 자신의 상황에 맞는 전략을 수립하는 데 도움이 될 수 있도록 만들어졌습니다. 세금 문제는 피할 수 없는 현실이지만, 올바른 정보와 계획으로 그 영향을 최소화할 수 있습니다.

이 책이 여러분의 재무 계획과 미래의 안정성을 고민하는 데 도움이 되기를 바라며, 독자 여러분의 풍성한 가정과 번창을 기원합니다.

책을 쓰는 동안 옆을 지켜 준 사랑하는 와이프 은아와 곧 태어날 아기에게 감사의 인사를 전합니다.

목차

증여세

상속세

상속세는 피상속인, 즉 상속을 해 주는 사람(피상속인)의 사망으로 피상속인의 재산을 살아 있는 상속인이 무상으로 이전받을 때 발생하는 세금이며, 증여세는 생전에 소유한 자산을 가진 증여자가 증여 받는 자(수증자)에게 무상으로 재산이 이전될 때 발생하는 세금이다.

구분	상속세	증여세
개념	피상속인의 사망으로 인해 상속인에게 재산이 이전될 때 발생하는 세금	증여자 생전에 수증자에게 재산이 이전될 때 발생하는 세금
계산 방식	유산과세형 방식	유산취득형 방식
납세의무자	상속인(상속을 받는 자)	수증자(증여를 받는 자)
신고 납부기한	상속개시일이 속하는 달의 말일부터 6개월 이내	증여 받은 날이 속하는 달의 말일부터 3개월 이내
관할 세무서	피상속인(사망자) 주소지	수증자(증여 받는 자)의 주소지
장점	상속공제액이 다양하고 큼	수증자별로 과세되어 인별로는 낮은 세율 적용 가능
단점	상속재산 전체에 대한 과세이므로 고율의 세율이 적용됨	인적공제, 감정평가수수료 공제 외 공제되는 것이 없음

과세표준	세율	누진공제
1억 원 이하	10%	
1억 원 초과~5억 원 이하	20%	1,000만 원
5억 원 초과~10억 원 이하	30%	6,000만 원
10억 원 초과~30억 원 이하	40%	1억 6000만 원
30억 원 초과	50%	4억 6000만 원

증여세

Q 증여세는 어떻게 계산할까?

증여세는 금전으로 환가할 수 있는 경제적 가치가 있는 물건이 무상으로 이전되었을 때 그 재산가액에서 증여재산공제액을 차감한 금액이 증여세과세표준이 된다. 여기에 해당 세율을 곱하면 증여세산출세액이 계산되고 증여일이 속한 달의 말일로부터 3개월 이내에 신고하는 경우 세액의 3%를 공제해 준다.

증여세는 다음과 같이 계산한다.

	증여재산가액	금전으로 환가할 수 있는 경제적 가치가 있는 물건, 재산적 가치가 있는 법률상, 사실상의 모든 권리가액
+	증여재산가산액	증여일 전 10년 이내에 동일인으로부터 받은 증여재산가액을 합친 금액이 1천만 원 이상인 경우에는 합산 * 부모는 동일인으로 봄
-	비과세재산가액	국가, 지방자치단체로부터 증여 받은 가액 등
-	과세가액불산입	· 공익법인 등이 출연받은 가액 · 증여재산 중 공익신탁을 통해 공익법인에 출연한 재산가액 · 장애인이 직계존비속 또는 친족에게 증여 받은 재산 중 다음 요건 충족 시 5억 원 한도로 불산입
-	채무인수액	부담부증여를 통해 증여자의 채무를 인수한 경우
=	총 증여재산가액	
-	증여재산공제액[1]	직계존비속 : 5천만 원(미성년자 2천만 원) · 배우자 : 6억 원 · 기타 친족 : 1천만 원 · 재해손실공제 · 감정평가수수료공제 : 5백만 원 한도
=	과세표준	
×	세율	
=	산출세액	
-	신고세액공제	3개월 이내 신고 시 세액공제(3%)
=	납부할 세액	

---

1) 증여재산공제는 10년 동안의 증여재산에 대한 공제액을 뜻한다.

Q 딸이 해외에 있을 때 증여하는 게 세금이 더 적다
는데…?

··

#비거주자증여 #증여세대납 #재차증여세

목돈이 생겨서 10억 원을 해외에 있는 딸에게 증여하고자 합니다. 현재는 딸
이 유학 중인데 이때 증여하는 것이 유리한지 아니면 한국에 들어왔을 때(거
주자가 되었을 때) 증여하는 것이 유리한지 궁금합니다.

A 유학 중인 수증자가 비거주자에 해당하는 경우, 증여재산공제가 적용되
지 않지만 발생한 증여세를 증여자가 대납해 주었을 때 추가적인 증여
세가 발생하지 않으므로 대납액에 대한 증여세까지 계산했을 때는 비거
주자일 때 증여하는 것이 유리할 수 있습니다.

구분	거주자일 때	비거주자일 때
증여재산가액	1,000,000,000	1,000,000,000
증여재산공제	50,000,000	0
과세표준	950,000,000	1,000,000,000
세율	30%	30%
증여세	225,000,000	240,000,000
재차증여증여세	85,000,000	0
증여세 총납부세액	310,000,000	240,000,000

비거주자의 증여세는 증여자가 아닌 증여를 받은 수증자의 거주자 여부에 따라 결정된다. 수증자가 비거주자라면 국내 재산에 대해서만 과세대상이 되며 납세지는 증여자 주소지 관할 세무서이다. 하지만 수증자가 비거주자인 경우, 증여재산공제는 해 주지 않으며 직계비속에 대한 할증과세, 외국납부세액공제, 신고세액공제는 적용해 준다.

이때 발생한 증여세는 증여자와 연대납세의무가 발생하므로 증여자가 수증자의 증여세를 납부해 주더라도 추가적인 증여 문제는 발생하지 않는다.

따라서 억 단위의 재산을 증여하는 경우 증여세를 증여자가 대납해 주는 상황이라면 수증자가 비거주자인 경우 증여세가 적을 수 있다.

이미 증여 받은 상황에서 추가로 증여를 받게 되면 증여세가 합산될까?

#동일인 #증여재산합산

아버지께 5년 전에 1억 원을 증여 받았는데 이번에 어머니와 할아버지에게 각각 1억 원을 증여 받으려고 합니다. 이 경우 증여세 계산은 어떻게 되나요?

A 동일인에게 증여를 받을 경우 증여재산을 합산하게 되는데 아버지와 할아버지는 동일인이 아니므로 할아버지께 증여 받은 1억 원은 기존에 받은 1억 원과 합산되지 않아 10% 세율이 적용되어 증여세는 1천만 원이 됩니다. 하지만 어머니와 아버지는 동일인이므로 어머니께 받는 1억 원은 합산되기 때문에 20% 세율이 적용되어 증여세가 2천만 원이 됩니다. 다음의 표에서 계산 내역을 자세히 확인해 볼 수 있습니다.

구분	동일인		동일인 외의 자
증여자	아버지	어머니	할아버지
증여재산가액	100,000,000	100,000,000	100,000,000
증여재산공제		50,000,000	0
증여세과세표준		150,000,000	100,000,000
세율		20%	10%
증여세산출세액		20,000,000	10,000,000

증여를 할 때 잘못 알고 있는 것 중 하나가 증여재산공제를 증여자 기준으로 받을 수 있다고 생각한다는 것인데 증여자들을 동일인으로 보는 규정이 있기 때문에 동일인이 무엇인지를 정확하게 아는 것이 중요하다. 동일인으로 보게 되면 증여재산가액이 합산되어 누진세율을 적용받기 때문에 세부담이 높아지는 결과가 발생한다. 동일인은 직계존속과 직계존속의 배우자를 말한다. 다시 말해서 아버지와 어머니/할머니와 할아버지는 동일인인 것이다.

그렇다면 장인과 장모에게 증여 받은 경우 동일인으로 보아 합산되는 것일까? 그렇지 않다. 동일인은 나의 직계존속인 경우에 해당되는 것이다. 따라서 장인과 장모는 나의 직계존속이 아니므로 합산되지 않는 것이다. 많이 헷갈려 하는 동일인이 아닌 경우는 다음과 같다.

(1) 부와 조부

(2) 장인과 장모

(3) 시아버지와 시어머니

(4) 숙부와 숙모

(5) 생부와 이혼한 생모

세금 없이 증여하는 방법!

고 생각할 부분은 없음

#증여면세점 #10년 #재차증여 #증여재산공제

어머니가 주변 친구들이 자식에게 세금 없이 증여를 하고 있다고 하여 어머니도 증여에 대해 생각을 하고 있습니다. 대학생인 두 딸에게 현금을 세금 없이 증여를 하려면 얼마까지 가능할까요?

Ⓐ 증여일 기준 10년 동안 증여를 하지 않은 경우라면 자녀에게 5천만 원까지는 세금 없이 증여가 가능합니다.

부모가 자녀에게 재산을 증여를 하고 싶은데 증여세 때문에 쉽게 증여를 하지 못한다. 여기서 가장 중요한 이슈는 세금 없이 증여하려면 얼마의 기간 동안 얼마까지 증여를 할 수 있는 지이다.

누가 누구에게 얼마를 받는지에 따라서 증여세를 내지 않아도 되는 금액이 존재한다. 예를 들어 성년인 자녀가 부모로부터 증여 받는 경우에 5천만 원까지는 증여세를 납부하지 않아도 되는 금액에 해당한다. 아래의 금액은 누구에게 얼마를 증여 받는지에 따라 증여세를 납부하지도 않아도 되는 금액을 말한다.

· 배우자 : 6억 원
· 직계존속 : 5천만 원(미성년자는 2천만 원)
· 직계비속 : 5천만 원
· 기타 친족 : 1천만 원(6촌 이내 혈족, 4촌 이내 인척)

위 공제금액만큼 증여해도 증여세를 납부하지 않아도 된다고 해서 매번 증여할 때마다 증여세가 없는 걸까?

안타깝게도 위의 공제금액은 10년간 동일인으로부터 세금 없이 증여받을 수 있는 금액을 말한다.

세금 없이 증여할 수 있는 금액을 쉽게 계산하려면 증여일 이전 10년 동안 증여한 가액을 합산한 금액이 증여재산공제액을 넘지 않는 금액으로 하면 된다.

예를 들면 최초 1억 원을 증여 받고 10년 이후에 2억 5천 원을 증여 받는다면 추가로 납부해야 되는 세금은 3천만 원이지만 최초 1억 원을 증여 받고 10년 이내에 2억 5천 원을 증여 받는다면 추가로 납부해야 되는 세금은 4천 500만 원이다.

💡 증여재산합산과세 예시

1) 10년 이내 사전증여가 없는 경우

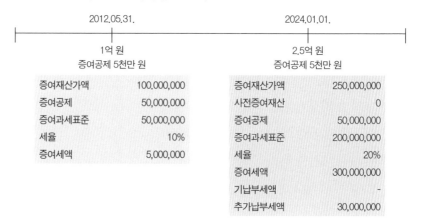

	2012.05.31.		2024.01.01.
	1억 원		2.5억 원
	증여공제 5천만 원		증여공제 5천만 원

증여재산가액	100,000,000
증여공제	50,000,000
증여과세표준	50,000,000
세율	10%
증여세액	5,000,000

증여재산가액	250,000,000
사전증여재산	0
증여공제	50,000,000
증여과세표준	200,000,000
세율	20%
증여세액	300,000,000
기납부세액	-
추가납부세액	30,000,000

2) 10년 이내 사전증여가 있는 경우

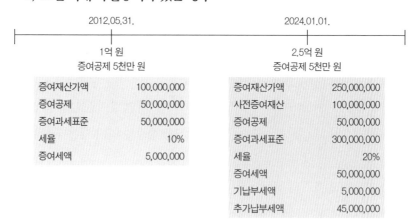

	2012.05.31.		2024.01.01.
	1억 원		2.5억 원
	증여공제 5천만 원		증여공제 5천만 원

증여재산가액	100,000,000
증여공제	50,000,000
증여과세표준	50,000,000
세율	10%
증여세액	5,000,000

증여재산가액	250,000,000
사전증여재산	100,000,000
증여공제	50,000,000
증여과세표준	300,000,000
세율	20%
증여세액	50,000,000
기납부세액	5,000,000
추가납부세액	45,000,000

💡 증여세 없이 자녀에게 목돈 만들어 주는 방법

| 0세 | 10세 | 20세 | 30세 |

출생과 동시에 2천만 원 증여

만 10세에 2천만 원 증여

만 20세에 5천만 원 증여

만 30세에 5천만 원 증여

= 1억 4천만 원 증여 가능!

💡 가족구성원별 최대증여재산공제금액

구분	배우자	직계존속 (계부, 계모포함)	직계비속	기타 친족 (6촌 이내 혈족 및 4촌 이내 인척)
공제한도	6억 원	5천만 원(성년자) 2천만 원(미성년자)	5천만 원	1천만 원

※ 공제한도 : 10년간 합산하여 공제할 수 있는 금액

위의 증여재산공제에서 직계존속, 직계비속, 친척으로부터 증여 받는 모든 증여마다 각각의 증여재산공제를 적용받을 수 있는 것이 아니라 각각의 증여자 그룹의 총합계액을 기준으로 계산한다.

그리하여 ① 직계존속인 할아버지와 아버지로부터 적용받을 수 있는 증여재산공제액은 5천만 원, ② 기타 친족인 삼촌과 고모로부터 적용받을 수 있는 증여재산공제액은 1천만 원, ③ 배우자로부터 적용받을 수 있는 증여재산공제액은 6억 원으로 총 합계액 6억 6천만 원을 공제받을 수 있다.

가족구성원에게 증여세 없이 증여 받을 수 있는 금액은 6억 6천만 원이다.

신혼부부 주목! 세금 없이 증여 받는 방법이 있다 던데?

#혼인증여재산공제 #출산증여재산공제 #4년

제가 5년 전에 아버지께 5천만 원 증여를 받았는데 이번에 신혼집 구입비용 으로 양가 부모님께 1억 원씩 지원 받을 예정입니다. 최근 뉴스에서 결혼할 때는 더 많이 증여 받을 수 있다고 하던데 저도 해당되는 걸까요?

Ⓐ 2024년부터는 결혼하면 추가로 1억 원 증여공제가 가능합니다. 따라서 아버지께 기존에 증여 받은 5천만 원과 이번에 증여 받은 1억 원에 대해 서는 증여세가 발생하지 않습니다. 마찬가지로 배우자도 1억 원을 증여 세 없이 받을 수 있습니다.

최근 혼인율 및 출산율 급감에 따른 사회적인 이슈가 빈번하게 공론화 되고 있다. 이에 증여세법에서 정책적인 복적을 삿고 혼인과 출산을 징려하기 위해 혼인증여재산공제와 출산증여재산공제를 신설하였다.

위에서 다루었던 증여재산공제를 살펴보면 직계존속이 직계비속에게 증여하는 경우 10년 이내 증여공제받을 수 있는 금액은 5천만 원이다. 10년 동안 5천만 원밖에 증여재산공제를 받을 수 없으므로 결혼을 준비 중인 자녀에게 추가적인 증여를 걱정하게 된다. 하지만 신설된 법안으로 인해 신혼부부와 출산부부들이 기존 증여분에 대해 공제받은 5천만 원을 제외하고 추가 1억 원까지 받을 수 있다.

이러한 공제를 받기 위해서는 증여자는 직계존속이어야 하며, 혼인신고일 전후 2년, 총 4년 안에 증여해야 한다.

또한, 출산증여재산공제는 자녀 출생일부터 2년 이내에 직계존속으로 증여 받는 경우에는 1억 원까지 공제가 가능하다.

단, 혼인증여재산공제와 출산증여재산공제의 통합한도는 1억 원이다.

한 명보단 두 명! 두 명보단 세 명! 증여는 여러 명에게 나눠서 하자!

#뭉치면죽고흩어지면산다 #분산증여

이번에 저희 가족이 새로운 집을 마련하려고 하고 있는데 10억 원을 어머니께 증여 받기로 하였습니다. 제가 혼자 증여 받는 것과 가족구성원이 나눠 증여 받는 것 중에 어떤 게 유리할까요?

A 아래의 표로 확인해 보면 단독증여 받았을 때보다 분산증여 받았을 때가 증여재산공제 3천만 원을 추가로 받을 수 있을 뿐만 아니라 세율은 낮은 세율을 적용받기 때문에 6천 4백만 원 정도 증여세가 줄어드는 것을 알 수 있습니다.

구분	단독증여(딸)	분산증여			
		딸	사위	손자	합계
증여재산가액	1,000,000,000	450,000,000	450,000,000	100,000,000	1,000,000,000
증여재산공제	50,000,000	50,000,000	10,000,000	20,000,000	80,000,000
과세표준	950,000,000	400,000,000	440,000,000	80,000,000	920,000,000
세율	30%	20%	20%	10%	
산출세액	225,000,000	70,00,000	78,000,000	8,000,000	148,800,000
세대생략할증	0	0	0	2,400,000	2,400,000
신고세액공제	6,750,000	2,100,000	2,340,000	312,000	4,752,000
납부세액	218,250,000	67,900,000	75,660,000	10,088,000	153,648,000
세 부담 차이					64,602,000

증여는 보통 자녀에게만 해야 한다고 생각하는 경우가 많다. 하지만 세 부담 측면에서는 자녀에게만 증여하는 것보다 자녀의 가족구성원에게 증여하는 것이 훨씬 유리하다. 왜냐하면 증여세가 누진세율이다 보니 한 명이 증여 받을 경우의 세율과 분산해서 받을 경우의 세율이 달라지고, 증여재산공제도 추가로 받을 수 있으므로 분산증여가 유리하다.

만약 증여재산이 부동산일 경우, 해당 부동산을 보유함으로써 발생할 수 있는 종합부동산세, 종합소득세, 양도소득세 또한 절세가 가능하기에 증여계획을 세우고 있다면 단순증여와 분산증여를 비교하여 의사결정을 내리는 것이 세 부담 측면에서 유리할 수 있다.

자식보다 더 이쁜 손주한테 증여하면 어떨까?

#할증과세 #유학비 #대납

아들은 상속을 받으면 되지만 손주는 상속인이 아니라서 지금 3억 원을 증여해 주고 싶은데 손주에게 직접 증여하면 할증과세가 된다던데 세금이 더 많이 나오는 걸까요?

A 세대생략을 통한 증여로 손녀딸에게 직접 증여하면 30%(40%)의 할증과세가 발생하지만 그래도 총 세 부담 측면에서는 직접 증여하는 것이 유리합니다.

할아버지가 아버지에게 3억 원을 증여하고 아버지가 딸에게 3억 원을 재차 증여하는 경우의 증여세 부담액은 총 7,760만 원입니다. 하지만 할아버지가 손녀딸에게 세대를 생략하여 3억 원을 직접 증여하는 경우는 비록 할증과세(30%)되지만 최종부담세액은 6,044만 원이 됩니다. 그러므로 세대를 생략하여 증여하는 경우 할증과세되지만 최종적인 증여세 부담액에서 차이가 발생할 수 있으므로 비교가 필요합니다.

구분	순차식증여		세대생략증여
	할아버지 > 아버지	아버지 > 딸	할아버지 > 손녀딸
증여재산가액	300,000,000	300,000,000	300,000,000
증여재산공제	50,000,000	50,000,000	50,000,000
과세표준	250,000,000	250,000,000	250,000,000
세율	20%	20%	20%
산출세액	40,000,000	40,000,000	40,000,000
세대생략할증과세			12,000,000
신고세액공제	1,200,000	1,200,000	1,560,000
납부세액	38,800,000	38,800,000	60,440,000
최종부담세액		77,600,000	60,440,000

세대생략증여를 통한 증여세 절세 측면뿐만 아니라 상속세를 계산할 때 법정상속인인 자녀는 증여일부터 10년이 지나야 피상속인의 상속재산에서 제외되지만, 손자녀는 법상속인이 아니므로 증여일부터 5년만 지나게 되면 상속재산에 포함되지 않게 된다. 다만, 손자녀에게 상속할 때에는 상속공제한도에 영향을 미치게 된다. 법정상속인이 아닌 자에게 상속하면 그 금액만큼 한도가 감액된다. [2]

💡 증여세대납

일반적으로 증여세를 대납하는 경우에는 증여세대납액에 대하여도 추가적인 증여세가 부과된다. 하지만 손녀딸이 해외에서 유학 중인 비거주

---

2) 추후 상속세 파트에서 합산과 한도에 대해 나온다.

자인 경우로서 조부모가 손녀딸에게 해외유학비[3]를 주고 증여세를 대납해 준 경우에는 증여세대납 문제는 발생하지 않는다. 왜냐하면 증여자인 조부모에게는 연대납세의무가 있기 때문에 조부모가 증여세를 모두 납부하였더라도 재차증여로 보지 않는다.

---

3) 해외유학비는 친부모가 부양능력이 없는 경우에 조부모가 지원해 줄 때는 증여세가 과세되지 않는다.

Q 결혼축의금과 혼수용품도 세금을 내야 되나요?

#결혼축의금 #혼수 #사회통념

제가 이번에 결혼준비를 하게 되면서 부모님이 준비해 주신 혼수용품과 일가 친척 및 지인들로부터 받게 되는 결혼축의금에 세금이 있을까요?

A 사회통념적으로 인정되는 금액 범위 내에서는 세금이 없습니다. 하지만 과도한 금액을 혼수용품 혹은 축의금으로 받게 되면 이는 증여세가 과 세될 수 있습니다.

흔히들 결혼을 할 때 일가친척뿐만 아니라 지인들로부터 축의금을 많이 받게 된다. 이러한 축의금이 무조건적으로 증여세가 발생하지 않는 것은 아니다. 이는 사회통념상 인정되는 범위 내에서 축하의 개념으로 받은 부분에 대해서만 증여세가 과세되지 않는 것인데 그렇다면 사회통념상 인정되는 축하금은 얼마 정도를 말할까?

아래의 사례로 비교해 보자

1. 5천만 원의 축의금을 500명으로부터 받는 경우
2. 5천만 원의 축의금을 5명으로부터 받는 경우

첫 번째의 경우에는 하객 1인당 10만 원 정도의 금액으로 결혼축의금을 받은 것으로 보아 사회통념적으로 문제될 것은 없으나, 두 번째 경우처럼 인당 1천만 원씩 축의금을 받는다면 누구로부터 얼마를 받았는지에 따라 사회통념상 합당한지가 달라질 수 있기에 판단이 필요하다.

또한 혼수용품의 경우에도 사회통념상 일상생활에 필요한 가사용품에 한정한다. 그러나, 주택, 차량, 호화사치품의 경우에는 사회통념상 혼수용품에 범주에 해당하지 않기에 증여세과세대상에 해당할 수 있다.

Q 대출이 있는 아파트를 증여하면 세금이 줄어든다 는데…?

#다주택자고민 #대출끼고증여 #전세끼고증여 #부담부증여

다주택자인 저는 최근 부동산 시세가 떨어져서 서울 노원구에 소재한 아파트를 자녀에게 주고 싶습니다. 2017년도에 노원구 아파트를 3억 원에 취득하였고, 최근 시가는 약 6억 원이며 아파트 담보대출은 4억 원 있는 상태입니다. 아들에게 증여한 적은 한 번도 없습니다.

아들에게 주택을 일반 증여하는 것보다 대출을 끼고 증여를 하는 게 유리하다고 하는데 정말 그런가요?

A 일반적으로 채무를 포함하여 증여를 할 때 증여하는 자가 1세대 1주택자에 해당한다면 양도 부분은 비과세되므로 큰 절세효과를 얻을 수 있습니다.

하지만 다주택자인 경우에는 양도소득세가 중과세율이 적용되는 경우 오히려 부담부증여가 불리하게 적용될 수 있습니다.

채무 없이 증여하는 경우와 4억 원의 채무를 포함하여 증여하는 경우를 보면 부담부증여가 약 3천만 원 정도 증여세 절세효과가 있는 듯하지만 자녀가 4억 원에 대한 원금상환뿐만 아니라 이자율 약 4% 가정하는 경우 매년 부담해야 하는 이자만 1,600만 원이므로 부담부증여가 무조건 유리하다고 할 수 없습니다.

해당 부동산에 담보된 대출이나 전세보증금 등 채무를 증여 받는 사람에게 넘기는 조건으로 증여하는 것을 부담부증여라고 한다.

양도는 대가를 받고 재산을 이전하는 하는 것인데 증여 받는 자가 채무를 승계하는 경우에는 해당 채무 부문은 대가를 받았다고 보아 양도로 본다. 따라서 부담부증여가 이루어지는 경우 채무를 부담한 부분에 대해서 양도세와 무상으로 이익을 받은 부분에 대해서 증여세가 동시에 발생한다.

따라서 일반적으로 양도소득세가 높은 다주택자가 자녀에게 부담부증여를 하는 경우라면 절세효과가 거의 없을 수도 있기 때문에 일반 증여일 때의 증여세와 부담부증여일 때의 증여세 및 양도소득세 합계액을 반드시 비교해 보고 결정해야 한다.

6억 원의 아파트를 자녀에게 단순증여한 경우와 대출금 4억 원을 자녀가 승계하는 조건으로 증여하는 경우에 부담하는 세금은 다음과 같다.[4]

증여만 하는 경우	
증여세	
증여재산	600,000,000
채무액	-
증여세과세가액	600,000,000
증여재산공제	50,000,000
과세표준	550,000,000
세율	30%
산출세액	105,000,000
신고세액공제	3,150,000

---

4) 필요경비는 6백만 원, 보유기간은 6년이며 거주기간은 2년이라 가정한다.

납부세액	101,850,000
총부담세액	

만약 증여하는 자가 다주택자가 아닌 1주택자일 경우 세액효과는 다음과 같다.

1주택자인 경우				
증여세		**양도세**		
증여재산	600,000,000	양도가액	400,000,000
채무액	400,000,000	취득가액	
증여세과세가액	200,000,000	필요경비	
증여재산공제	50,000,000	양도차익	
과세표준	150,000,000	장기보유특별공제	
세율	20%	양도소득금액	
산출세액	20,000,000	기본공제	
신고세액공제	600,000	과세표준	
납부세액	**19,400,000**	세율	
		산출세액	
		총부세액	
총부담세액			**19,400,000**

다주택자인 경우				
증여세		**양도세**		
증여재산	600,000,000	양도가액	400,000,000
채무액	400,000,000	취득가액	200,000,000
증여세과세가액	200,000,000	필요경비	6,000,000

증여재산공제	50,000,000	양도차익	194,000,000
과세표준	150,000,000	장기보유특별공제	23,280,000
세율	20%	양도소득금액	170,720,000
산출세액	20,000,000	기본공제	2,500,000
신고세액공제	600,000	과세표준	168,220,000
납부세액	**19,400,000**	세율	38%
		산출내역	43,983,600
		총납부세액	**48,381,960**
총부담세액			**67,781,960**

　증여자가 1세대 1주택자에 해당되어 비과세가 적용되는 경우 양도소득세가 없고 증여세만 부담하면 되므로 절세효과가 가장 크다.

　주의할 점은 증여가 이뤄지고 난 뒤에도 승계한 채무에 대해서 자녀가 상환했다고 인정받기 어려운 경우 채무상환금액에 대해서 추가적인 증여세가 발생될 수 있으므로 채무부담계약서, 이자지급 등에 의해 채무인수 사실을 확인할 수 있는 증빙자료 준비가 반드시 필요하다.

아들아, 내 집을 너한테 싸게 팔면 세금이 줄어든다더라

#특수관계거래 #저가양도 #절세효과

1주택자인 저희 부부는 고향으로 내려가 노후를 보낼 계획으로 경기도 성남에 위치한 시가 10억 원인 아파트를 서울에서 직장을 다니고 있는 자녀에게 시세보다 낮은 금액으로 양도하려 합니다. 하지만 뉴스기사에서 가족 간에 시세보다 낮은 금액으로 거래를 하면 세금 폭탄을 맞을 수도 있다는데 세금을 적게 내면서 자녀에게 아파트를 줄 수 있는 방법이 있을까요?

A 부모가 1세대 1주택 비과세 혜택을 적용받을 수 있다면 자녀에게 주택을 단순증여할 때보다 일정 대가를 받고 양도할 경우에 세금을 줄일 수도 있습니다. 다만, 시가보다 낮은 금액으로 양도를 하는 경우 자녀에게는 증여세가 발생될 수 있습니다. 이 경우 양도가액을 얼마로 결정하는지에 따라 증여세가 달라질 수 있으므로 세무전문가를 통한 자세한 상담을 받는 게 좋습니다.

부모와 자녀 사이에 시가보다 낮은 금액을 받고 양도하는 경우 자녀에게는 증여세가 부모에게는 양도소득세가 발생될 수 있기 때문에 세금 폭탄을 막기 위해서는 반드시 세무전문가를 통한 검토가 필요하다.

증여세는 자녀가 얻은 차액이 일정 금액[5] 이상이면 차액에서 시가의 30%와 3억 원 중 적은 금액을 공제한 금액으로 증여세를 부담한다. 즉, 자녀에게 얼마의 금액으로 양도하느냐에 따라 자녀가 증여세를 부담할 수도 있고 경우에 따라서는 증여세가 없을 수도 있다.

이와 반대로 양도소득세는 부모가 자녀에게 양도하는 금액이 일정 금액[6] 이상 차이가 날 경우 양도금액과 상관없이 시가로 양도소득세가 부과된다. 다만, 1세대 1주택 비과세 요건을 충족하는 경우라면 시가 12억 이하인 주택은 양도소득세를 부담하지 않으므로 절세효과가 가장 크다.

시가 10억 원인 주택을 단순증여하는 경우보다 양도대가 5억 원을 받고 양도하는 경우 총부담세액은 약 2억 원 이상 차이가 난다.

단순증여일 경우	
증여세	
증여재산	1,000,000,000
증여세과세가액	1,000,000,000
증여재산공제	50,000,000
과세표준	950,000,000
세율	30%
산출세액	225,000,000

---

5) 시가의 30%와 3억 원 중 적은 금액
6) 시가의 5%와 3억 원 중 적은 금액

신고서액공제	6,750,000
납부세액	**218,250,000**

저가양수도일 경우			
증여세		**양도세**	
증여재산	1,000,000,000	양도가액	1,000,000,000
대가	500,000,000	취득가액	
차감액	300,000,000		
증여세과세가액	**200,000,000**	필요경비	
증여재산공제	50,000,000	양도차익	
과세표준	150,000,000	장기보유특별공채	
세율	10%	양도소득금액	비과세적용
산출세액	15,500,000	기본공제	
신고세액공제	450,000	과세표준	
납부세액	**14,550,000**	세율	
		산출세액	
		총납부세액	
총부담새액			**14,550,000**

시가 10억 원인 주택을 단순증여하는 경우보다 양도대가 3억 원을 받고 양도하는 경우 총부담세액은 약 1억 6천만 원 이상 차이가 난다.

단순증여일 경우	
증여세	
증여재산	1,000,000,000
증여세과세가액	1,000,000,000
증여재산공제	50,000,000

과세표준	950,000,000
세율	30%
산출세액	225,000,000
신고세액공제	6,750,000
납부세액	**218,250,000**

저가양수도일 경우			
증여세		**양도세**	
증여재산	1,000,000,000	양도가액	1,000,000,000
대가	300,000,000	취득가액	
차감액	**300,000,000**		
증여세과세가액	**400,000,000**	필요경비	
증여재산공제	50,000,000	양도차익	
과세표준	350,000,000	장기보유특별공제	
세율	20%	양도소득금액	비과세적용
산출세액	60,000,000	기본공제	
신고세액공제	1,800,000	과세표준	
납부세액	**58,200,000**	세율	
		산출세액	
		총납부세액	
총부담세액			**58,200,000**

　다만, 저가양수도의 경우 세금을 덜 부담하기 위해서 양도가액을 높여 신고를 한 이후 상환을 한 내역이 명확하지 않을 경우 부담부증여와 마찬가지로 증여 문제가 추후 발생할 수 있으므로 주의해야 한다.

💡 2023년부터 변경된 취득세

2023년도 이후부터는 특수관계인으로부터 시가보다 낮은 가격으로 부동산을 취득하는 경우로서 시가와 취득가격의 차액이 3억 원 이상이거나 시가의 5% 이상인 경우에는 실제취득가액과 시가표준액 중 큰 금액이 아닌 시가(시가인정액)를 기준으로 취득세율이 적용되고 있어 취득세 부담이 증가되었다.

여보, 내가 준 아파트는 10년 뒤에 팔아야 해요

#배우자증여 #직계존비속증여 #배우자이월과세 #10년 #세금폭탄

결혼 20주년을 맞아 다주택자인 남편이 5년 전에 취득한 수원에 있는 아파트 한 채를 증여해 주었습니다. 남편이 취득할 당시 3억 원이었던 아파트가 지금 시세는 7억 원입니다. 최근 부동산시장이 안 좋은 것 같아 3년만 갖고 있다가 9억 원에 팔려고 하는데 양도소득세가 많이 나올까요? 이전에 남편에게 증여를 받은 적은 없습니다.

A 배우자로부터 아파트를 증여 받은 시점에는 6억 원의 증여재산공제가 적용되므로 증여세 1천만 원을 부담하면 되지만 배우자에게 증여 받은 아파트를 양도할 때는 양도소득세를 계산할 때 주의할 부분이 있습니다. 배우자에게 부동산을 증여한 후 10년 이내에 양도를 하는 경우에는 이월과세가 적용되어 배우자가 증여 받은 시점의 부동산가액인 7억 원이 아닌 남편이 취득한 금액인 3억 원으로 계산됩니다. 증여일로부터 10년 이상 보유하고 양도할 경우와 비교했을 때 양도세는 약 1억 원 이상 차이가 납니다. 따라서 양도소득세를 줄이기 위해서는 배우자에게 증여 받은 날부터 10년이 지난 후에 양도를 하는 게 좋습니다.

배우자/직계존비속 A	토지 건물 등 증여	B

증여세 부담	
증여세과세가액	700,000,000
증여공제	600,000,000
과세표준	100,000,000
세율	10%
산출세액	10,000,000
양도세과세 - 이월과세적용 O	
양도가액	900,000,000
취득가액	300,000,000
필요경비(증여세산출세액)	10,000,000
양도차익	590,000,000,000
장기보유공제(취득시기A8년)	94,400,000
과세표준	495,600,000
세율45%	45%
산출세액(지방세포함)	172,788,000
양도세과세 - 이월과세적용 ×	
양도가액	900,000,000
취득가액	700,000,000
필요경비	
양도차익	200,000,000
장기보유공제(취득시기B3년)	12,000,000
과세표준	188,000,000
세율	42%
산출세액(지방세포함)	**47,322,000**

이월과세란 거주자가 양도일로부터 소급하여 10년[7] 이내에 배우자, 직계존비속으로부터 증여 받은 부동산을 양도할 경우, 취득가액을 계산할 때 증여 받은 금액이 아닌 증여자의 취득가액으로 산정하는 제도이다. 이는 배우자, 직계존비속에게 부동산을 증여하고 단기간 내에 양도함으로써 조세를 회피하는 행위를 방지하기 위한 제도이다. 따라서 직계가족이 아닌 며느리, 사위, 기타 친족에게 증여할 경우에는 이월과세적용대상이 아니며, 이월과세가 적용되었을 때 양도소득세보다 적용하지 않았을 때 양도소득세가 더 큰 경우에도 조세회피가 없다고 보아 이월과세가 적용되지 않는다.

또한 모든 재산에 적용되는 게 아니라 토지, 건물, 특정 시설물이용권, 부동산을 취득할 수 있는 권리를 증여한 경우에 한해 적용된다.

이월과세적용 시 양도소득세 계산구조는 다음과 같다.

구분	내용
양도소득세 납세의무자	증여 받은 자
취득시기 및 취득가액	증여자의 취득시기 및 취득가액
필요경비	수증자 및 증여자의 자본적지출액, 양도가액, 증여 받을 당시 납부한 증여세의 합계액 * 증여 받은 자가 납부한 취득세는 제외!
장기보유특별공제	증여자의 취득일로부터 양도일까지의 보유기간 적용

---

7) 2022년 12월 31일 이전에 증여 받은 경우 5년

💡 부담부증여 후 이월과세

배우자에게 채무를 부담하는 조건으로 증여가 이루어진 경우 이월과세는 순수증여 부분에 대해서만 적용되고 채무승계 부분은 이월과세적용대상이 아니다.

따라서 채무승계분과 순수증여분에 대한 양도가액 및 취득가액으로 안분한 양도소득세와 이월과세를 적용하지 않은 양도소득세를 비교하여 판단해야 한다.

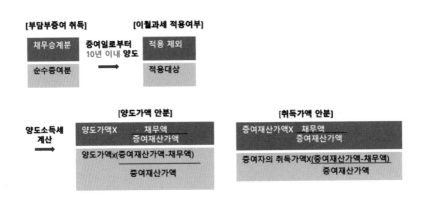

부모님 상가를 무상으로 사용해도 괜찮을까?

아버지가 부동산임대를 하고 계시는데 월세가 비싸서인지 장기간 공실인 상태입니다. 자리도 좋고 1층에 있는 상가라 그냥 두긴 아까워서 제가 무상으로 사용하려고 하는데 문제가 될까요?

A 부동산임대업을 영위하는 사업자가 가족 등 특수관계자에게 무상 또는 시가보다 낮은 가액으로 임대하는 경우, 무상으로 사용함에 따라 자녀가 얻은 이익이 1억 원 이상이라면 자녀에게 증여세가 부과됩니다. 또한 임대사업자인 아버지는 시가로 임대한 것으로 보아 추가적인 부가가치세 및 소득세를 신고 및 납부해야 합니다.

부동산 임대시장이 안 좋아지면서 공실이 많아 임대사업자 걱정이 늘고 있는 추세다. 공실을 피하기 위해서는 낮은 월세를 받고 임대를 하면 되지만 한번 정한 임차료는 몇 년간 쉽게 변경할 수 없기 때문에 대안으로 가족에게 낮은 월세를 받고 임대하는 경우가 많이 생기고 있다.

하지만 세법에서는 특수관계인에게 부동산을 시가보다 낮은 금액으로 사용하게 하는 경우 그 이익에 대해서 조세회피로 보아 과세문제가 발생한다.

부모 소유의 시가 40억 원의 건물을 자녀가 무상으로 사용하는 경우에 발생하는 과세문제는 다음과 같다.

[자녀의 과세문제] 증여세

첫 번째는 자녀에게 증여세문제가 생길 수 있다. 세법에서는 부모의 부동산을 시세보다 낮은 임대료로 사용함에 따라 얻은 이익만큼을 증여[8] 받은 것으로 보아 자녀는 증여세가 부과될 수 있다.

* 증여재산가액 303,263,200원 = 40억 원 × 2% × 3.79079

[부모의 과세문제] 소득세 및 부가가치세

두 번째 부모에게 추가적인 소득세 및 부가가치세문제가 발생할 수 있

---

8) 증여재산가액은 해당 부동산가액에 1년간 부동산사용요율(2%)에 대한 연금현가금액 (10%, 5)이다.

다. 세법에서 부모에게는 자녀가 시가[9]보다 낮은 임대료로 건물을 사용하면서 자녀가 이익을 얻을 경우 이를 부당행위계산으로 본다. 즉, 부모가 자녀에게 시세만큼의 임대료를 받아 임대소득이 발생했어야 했는데 이를 누락한 것으로 보고 시가의 임대료를 받은 것으로 보아 소득세 및 부가가치세를 다시 계산하여 부과하는 것이다.

따라서 사례에 따른 임대료상당액은 5,800만 원이나 자녀에게 받은 임대료는 없으므로 저가임대료 5,800만 원에 대해서 부모는 소득세 및 부가가치세를 추가로 신고하고 납부하여야 한다.

* 임대료시가상당액 58,000,000원 = (40억 원 × 50/100 - 보증금 0원) × 2.9%

저가임대료 58,000,000원 = 시가상당액 58,000,000 - 월세 0원 × 12개월

그러므로 특수관계자 간 부동산 무상사용은 여러 가지 세금문제가 발생할 수 있으므로 사전에 이를 대비할 수 있는 임대차계약을 맺어야 한다. 다만, 특수관계자 간 부동산 무상사용에 따른 증여세는 무상으로 사용함에 따라 얻은 이익이 1억 원 이상의 이익을 얻은 경우에만 과세하기 때문에 만약 무상으로 임대하는 부동산가액이 13억 원을 초과하지 않는다면 증여세과세문제는 발생하지 않는다.

---

[9] 시가가 없을 경우 세법에 따른 시가상당액을 계산하며 시가상당액이란 건물시가의 100분의 50에 상당하는 금액에서 보증금 등을 차감한 금액에 정기예금이자율(2.9%)을 곱하여 산출한 금액이다.

💡 주택 무상사용 시 증여세문제

어버이날이 되면 부모에게 집을 사드리거나 고가의 차를 선물했다는 스타들의 효도기사를 보게 되는 경우가 종종 있다. 부모님 명의로 주택을 구입했다면 당연히 증여세가 과세되는데 이뿐만 아니라 본인 명의로 구입한 주택에 부모님이 거주하거나 부모 명의의 주택에 자녀들이 거주하는 경우에도 증여세문제가 발생할 수 있으므로 주의해야 한다.

세법에서는 부모나 자식의 집에 무상 또는 시가보다 낮은 가액으로 거주를 함으로써 얻게 되는 이익에 대해서 증여세를 과세하고 있으므로 증여세문제가 발생하지 않으려면 부모자식 간에도 시가만큼의 임차료를 지급해야 한다. 다만, 부모와 자녀가 함께 거주하는 주택인 경우에는 무상으로 거주하더라도 증여세가 과세되지 않는다.

땅은 아빠 꺼, 건물은 내 꺼

#부모토지 #자녀건물 #토지무상사용 #무상사용증여세

아버지에게는 무상으로 토지를 빌리고 건물은 제가 지어서 상가임대사업을 시작하려 하는데 이 경우 세법적으로 문제가 되는 게 있는지 궁금합니다.

부모의 토지 위에 자녀가 건물을 신축하여 임대소득을 얻으면서도 부모에게는 토지의 임대료를 내지 않는 경우, 토지를 무상으로 사용함에 따라 자녀가 얻은 이익이 1억 원 이상이라면 자녀에게 증여세가 부과됩니다. 또한 토지를 빌려준 부모는 토지를 자녀에게 시가[10]로 임대한 것으로 보아 추가적인 소득세를 신고 및 납부해야 합니다.

---

10) 시가가 없는 경우 보충적평가방법인 개별공시지가

부모의 토지 위에 자녀가 상가건물을 신축하는 경우 부모의 부동산(토지)을 무상사용함에 따라 발생하는 과세문제는 다음과 같다.

[자녀의 과세문제] 증여세

세법에서는 특수관계자의 토지를 무상으로 사용하면 그 무상사용 이익만큼을 증여 받은 것으로 보아 증여세를 부과한다. 이때 증여재산가액은 해당 부동산가액에 1년간 부동산사용요율(2%)에 대한 연금현가금액(10%,5)이다. 따라서 해당 부동산에 대한 무상사용기간이 5년을 초과하는 경우 사용 후 5년이 지난 시점의 다음 날부터 새롭게 부동산의 무상사용이 시작된 것으로 간주되므로 자녀가 소득 증빙이 부족하다면 대출 또는 분양조건부로 공사대금을 향후 지급하는 방식으로 자금출처를 미리 준비해야 한다.

다만, 토지 무상사용이익(5년간 연금현가 계산)이 1억 원을 넘을 경우에만 증여세가 부과된다.

💡 부동산 무상사용에 따른 이익

부동산 무상사용에 이익 (5년간 합산) **1억 원**	=	**부동산가액(x)**×2%×3.79079 (3.79079는 5년간의 부동산 무상사용이익을 현재 가치로 할인하는 연금현가계수)

∴ 부동산 무상사용이익이 1억 원을 초과하는 부동산가액은 약 13억 원

부동산 무상사용이익이 증여세 부과기준인 1억 원이 되려면 부동산가액이 약 13억 1,898만 원이어야 하므로 토지의 시가가 13억 원이 넘을 경우 토지소유자인 아버지와 건물소유자인 아들이 공동사업자로 임대를 하면 증여세문제를 피해갈 수 있다.

[부모의 과세문제] 소득세

부모의 경우 자녀와 달리 과세문제가 생길 수 있다. 세법에서는 자녀가 건물을 신축해 타인에게 임대소득을 얻으면서도 부모는 자녀에게 임대료를 받지 않은 것은 부당행위계산으로 본다. 즉 자녀에게 시세만큼의 토지임대료를 받아 임대소득이 발생했어야 했는데 이를 누락한 것으로 보고 시가의 임대료를 받은 것으로 보아 소득세를 다시 계산하여 부과하는 것이다. 따라서 토지와 건물의 소유자가 다를 때 소득세문제가 발생할 수 있다는 점을 주의해야 한다.

💡 건축 신축공사대금 소명

자녀의 소득 및 재산처분대금으로 건물 신축공사대금을 지급했다면 추가적인 과세문제는 없지만 건물 신축공사대금을 자녀의 소득으로 충당하지 못해 부모가 공사대금을 지원해 주는 경우 추가적인 증여세과세문제가 발생할 수 있다.

국세청에서는 부동산임대업에 종사하는 사업자의 토지와 건물소유자가 다른 경우 국세통합시스템(TIS)을 이용 선별해 부동산 무상사용에 따른 이익의 증여 소명 안내문을 발송되고 있기 때문에 추가적인 과세문제를 피하기 위해서는 건축 신축공사대금에 관한 자료를 잘 준비해 놓아야 한다.

부모님께 빌린 돈, 차용증은 꼭 쓰자!

#금전무상대출 #부모님께차용 #무이자 #4.6%

이번에 주택을 취득하면서 어머니께 10년 동안 나눠서 상환하기로 하고 2억 원을 빌렸습니다. 가족 간에 금전계약을 할 때는 상환의무가 있더라도 증여세가 부과될 수도 있다고 하여 걱정이 됩니다. 증여로 보지 않기 위해서는 어떻게 해야 되나요?

Ⓐ 과세관청에서는 가족 간 금전 거래의 경우 증여로 추정되기 때문에 차용에 관한 증빙이 없다면 추후 증여세가 부과될 수 있습니다. 따라서 증여가 아닌 자금 차용임을 입증하기 위해서는 차용증(금전소비대차계약서)과 원리금상환내역을 만들어 놓는 것이 좋습니다.

과거와 달리 아파트 담보대출 규제로 주택을 취득하면서 부모님에게 자금을 빌리는 경우가 많아졌다. 특히 자금조달계획서를 작성하면서 부모님에게 차용한 내용을 기재하는 경우가 많은데, 이 경우 과세관청에서 사후검증을 하여 차용을 입증할 수 있는 자료가 미비한 경우 증여세를 부과할 수 있기 때문에 이런 문제가 발생하지 않으려면 다음의 준비가 필요하다.

💡 금전소비대차계약서 작성

증여일에 맞춰서 금전소비대차계약서를 작성하는 것이 중요하다. 계약서에는 차용하는 금액, 이자율, 이자지급시기, 상환일이 반드시 포함해야 하며 계약서가 차용 시점에 작성되었다는 것을 입증하기 방법으로는 변호사 등 전문가를 통한 공증 또는 우체국 내용증명, 확정일자 받기 등이 있다.

💡 적정이자지급

차용증만 있다고 무조건 금전소비대차계약으로 인정받을 수 있는 것은 아니다. 세법에서는 실제로 지급한 이자가 상증세법상 법정이자율(4.6%)보다 낮을 경우 이자차액에 대해서 증여 문제가 발생한다. 다만, 이자차액이 연 1천만 원 미만인 경우에는 증여로 보지 않는다.

따라서 차용금액이 약 2억 1,700만 원 이하는 이자 없이 빌리더라도 증여세가 과세되지 않지만 실무상 특수관계인 간 거래에서 금전대차거래로 인정받기 위해서는 실제로 원금과 이자가 지급되었는지 여부가 중요하므로 되도록이면 매월 같은 날짜에 원금과 이자를 이체해 놓는 게 좋다.

아버지, 아버지 명의로 담보대출 받으면 세금 없이 제가 사업을 할 수 있대요

··

#부모님부동산담보대출 #은행대출 #4.6%

사업을 시작하기 위해서 은행을 찾아가 대출 상담을 알아보던 중 신용대출보다는 부동산 등 담보를 제공하고 대출을 받을 경우 이자율이 낮다는 안내를 받았습니다. 제 명의로 된 부동산은 없어서 부모님의 명의로 된 부동산을 담보물건으로 하려 합니다. 부모님은 담보만 제공하고 대출금에 관한 이자와 원금은 제가 상환할 계획인데 이 경우에도 문제가 될까요?

A 부모님 명의의 부동산을 무상으로 담보로 이용하여 자녀가 금전 등을 차입함에 따라 낮은 이자율을 적용되어 1천만 원 이상의 이익을 얻은 경우 그 이익에 상당하는 금액에 대해서 자녀에게 증여세가 부과될 수 있습니다.

높은 금리를 낮추고자 담보를 제공하는 조건으로 대출을 받는 경우가 많아지는데 부모가 담보를 제공하는 것만으로도 증여세가 부과될 수 있다는 걸 모르는 경우가 많다. 자녀가 차입금을 상환하더라도 부모의 부동산담보로 자녀가 낮은 이자율을 적용 받았다면 이는 부모가 낮은 이자율로 금전을 빌려준 것과 동일하므로 세법에서는 특수관계자 간의 금전무상대출과 동일하게 증여이익을 계산하고 있다.

💡 부동산담보사용에 따른 이익

부동산담보무상사용이익 **1천만 원**	=	**차입금(x)**×4.6%

∴ 부동산담보사용이익이 1천만 원을 초과하는 차입금은 약 2억 1천만 원

따라서 차입금의 당좌대출이자율에서 실제 지급이자를 차감한 금액이 연간 1천만 원 이상인 경우 그 금액을 증여재산가액으로 하여 증여세가 부과된다. 따라서 금전무상대출과 마찬가지로 차입금이 약 2억 1,700만 원까지는 담보로 이용해도 과세되지 않는다.

농사짓는 아버지에게 토지를 증여 받으면 절세가 된다는데?

#영농증여공제 #영농자녀혜택

아버지가 농사를 짓고 계시는데 요즘 저도 농사에 대한 관심이 많이 생겨서 아버지 옆으로 귀농하여 일부 토지는 취득하고 일부는 아버지의 토지를 증여 받아 농사를 지을 예정입니다. 농사짓는 자녀가 농지를 증여 받으면 증여세를 감면해 준다는데 어떻게 하면 받을 수 있는 건가요?

A 영농자녀 등이 증여 받는 농지 등에 대한 증여세감면규정이 있습니다. 영농자녀가 3년 이상 재촌·자경한 농지를 영농자녀에게 증여한 후 그 자녀도 재촌·자경하는 경우에는 증여세 1억 원을 한도로 세액을 감면해 줍니다. 이에 대한 사후관리는 5년 동안 적용되며 이 기간에는 영농자녀의 소득금액이 3,700만 원 미만이어야 합니다.

영농자녀 등이 증여 받는 농지 등에 대한 증여세감면이란 농지에 대한 증여세 혜택으로 후계농업인의 원활한 농업승계를 지원하기 위한 규정이다. 자경농민이 농지를 소유하고 농지소재지 또는 인근에 거주하면서 소유한 농지 중 3년 이상 재촌·자경한 농지를 18세 이상의 직계비속(영농자녀)이 증여 받고 3개월 이내에 당해 농지 등 소재지 또는 인근에 거주하면서 직접 영농에 종사한 경우, 증여세 1억 원을 한도로 세액을 감면해 준다.

　영농자녀는 계속해서 5년 동안 특별한 사정이 없는 한 재촌자경하여야 하며, 소득금액이 3,700만 원을 넘지 않아야 한다. 이것을 지키지 못하면 혜택받은 증여세와 늦게 내는 증여세의 이자 상당액을 부담해야 하므로 유의해야 한다.

다투면 위자료, 합의하면 재산분할, 사유에 따른 세금 차이

#이혼위자료 #재산분할

제가 지금 이혼을 준비하고 있는데 남편 명의의 아파트를 받기로 했습니다. 위자료로 받는 것과 재산분할로 받는 것의 세금 차이는 어떻게 될까요?

Ⓐ 이혼 시 남편의 명의의 아파트를 이혼의 대가로 받을 경우, 위자료 명목으로 받을 시에는 남편은 아내에게 아파트를 줄 때 양도소득세가 발생하며 아내는 유상취득에 대한 취득세(3.8%)가 발생합니다. 재산분할의 형태로 받을 경우에는 양도소득세 및 증여세는 발생하지 않습니다. 단, 재산분할의 경우에도 취득세가 발생하지만 이혼재산분할 특례세율(2.2%)이 적용됩니다.

요즘 시대는 이혼이 어쩌다 한 번 일어나는 이슈라기보다는 빈번하게 발생하는 이벤트로 보는 게 맞는 시대이다. 이렇게 발생하는 이벤트에서도 재산을 분할하는 방법에 따라 세금이 달라진다. 흔히 이혼할 때 재산을 나누는 것에는 세금이 발생하지 않는다고 생각하는데 이는 반만 맞고 반은 틀린 정보이므로 정확하게 알아 두는 게 좋다.

이혼 시 나누는 재산의 명목은 재산분할과 위자료로 나뉜다.

재산분할이란 혼인 기간 동안 함께 일궈 온 재산을 나누는 것이고, 위자료는 혼인 기간 중 일방의 잘못으로 인한 정신적 피해에 대해 보상하는 대가이다.

판결을 통해 이혼할 경우 법원에서 재산분할 대상과 위자료 금액을 명확하게 정해 주게 되나 협의이혼의 경우 재산분할과 위자료의 분류는 양 당사자가 주고받는 재산의 종류와 금액에 관계없이 자유롭게 정할 수 있다. 그렇게 때문에 협의이혼의 경우에는 재산분할금액과 위자료 금액을 선택해서 정할 수 있으므로 다음의 세금문제를 고려하여 의사결정을 하는 것이 바람직하다.

일반적으로 재산의 소유권이 이전될 경우 상속세나 증여세 또는 양도소득세, 취득세 및 이에 따르는 지방교육세와 농어촌 특별세가 부과된다.

그러나 이혼 시 재산분할은 증여세 또는 양도소득세가 부과되지 않는다. 이로 인해 세간에 "이혼 시 재산분할은 세금이 없다"라는 통념이 널리 자리 잡게 된 것인데 자산의 이전에는 취득세 등도 부과되며 이는 이혼에 따른 것이라 할지라도 면제되지 않는다.

다만, 이혼 시 이전되는 자산의 명목이 "재산분할"로 분류된 경우 취득세가 기본 3.5%에서 1.5% 인하된 2%의 이혼재산분할 특례세율이 적용되어 일반적인 취득세보다는 낮을 세율을 적용받는다.

여기서 추가적으로 알아 둘 것은 재산분할로 이전된 부동산을 추후 제 3자에게 양도할 때 취득시기는 이혼 전 최초 취득 시점라는 것이다. 하지만 위자료로 받은 부동산을 추후 제3자에게 양도할 때 취득시기는 위자료로 등기 이전하는 때이다.

이혼 신고 전에 소유권을 이전해 준다면 이것은 증여세과세대상이나, 배우자로부터의 증여는 10년 합산하여 6억 원까지는 증여공제가 되므로 시가 6억 원 이하의 부동산은 증여세를 내지 않는다.

이혼 재산분할합의서 작성 시 재산분할과 위자료 항목을 모두 명시해야 한다.

재산분할청구권에 의해 분할 받는 재산은 증여세 대상이 아니다. 또한 자녀 양육비도 민법상 양육비청구권에 대한 것으로 재산의 무상취득이 아니므로 증여세 대상이 되지 않는다.

단, 양육비를 현금으로 주는 것이 아니라 부동산으로 주는 경우에는 부동산의 양도로 보기 때문에 양도소득세가 발생한다.

위장이혼으로 탈세를 하려는 사람들도 종종 있는데 최근 국세청은 탈세를 입증하기 위해 "집 근처 신용카드 사용", "후불식 교통카드 사용" 내역 분석 등 새로운 조사기법을 적용하고 있으므로 탈세를 위한 위장이혼은 지양해야 한다.

여보, 우리 회사 주식과 시골 땅 중에 뭘 증여해 줄까?

제가 주수입자이기 때문에 모든 재산이 저의 명의로 되어 있어 이참에 주식과 시골 땅 중에 하나를 아내에게 증여하려고 하는데 어떤 차이가 있을까요?

Ⓐ 가장 큰 차이로 주식은 아직까지 배우자이월과세가 적용되지 않고 (25년부터 적용 예정) 시골 땅은 배우자이월과세가 적용됩니다. 따라서 증여 후에 배우자의 양도가 자유로운 것은 주식입니다.

앞서 얘기한 것처럼 배우자이월과세는 현재 증여 후 10년 안에 양도 시에는 취득가액이 증여자의 취득가액으로 보게 되어 양도소득세가 많이 나오는데 현행법상 상장주식 및 비상장주식은 배우자이월과세가 적용되지 않으므로 증여 후에 바로 양도하게 되면 증여자가 양도하는 것보다 양도소득세를 크게 절세할 수 있다. 또한 전업주부로만 있던 배우자에게 증여한 후 주식을 양도하게 되면 재산출처조사 시에도 명백한 증빙이 되므로 유리하다고 볼 수 있다.

부동산 구입 1차 시험, 자금출처조사란?

제가 8억 원짜리 아파트를 샀는데 5억은 대출을 받았고 2억 원은 급여 등으로 모았습니다. 나머지 1억은 여기저기서 조금씩 도움을 받았습니다. 이런 경우 제가 증여세가 과세되는지 궁금합니다.

A 미입증금액이 8억의 20%와 2억 원 중 작은 금액으로 1.6억이므로 여기저기서 도움받은 금액을 미입증금액으로 본다면 1억 원은 증여추정 제외 금액이 되므로 대부분의 출처가 확인 되는 경우이기 때문에 증여세가 과세되지 않습니다.

최근 들어 국세청에서 변칙적인 증여행위를 방지하기 위해 미성년자, 사회초년생 등을 중심으로 강도 높은 자금출처조사를 진행하고 있음에 따라 자금출처조사에 대한 문의가 많다.

자금출처조사란 재산을 취득하거나 부채를 상환했을 때 그의 직업과 나이, 소득, 재산 상태 등으로 추정해 자력으로 해당 재산을 취득하거나 부채를 상환했다고 보기 어려운 경우, 제시한 소요자금의 출처를 소명한 결과 부족한 자금을 증여 받은 것으로 규정해 증여세를 과세하는 것이다.

재산취득 또는 채무상환자금의 출처를 조사하고 출처가 불명확한 경우에는 증여 받은 것으로 추정해 과세하며, 증여가 아니라는 것을 납세자가 입증해야 하므로 아무래도 미리 준비하지 않으면 많은 어려움이 발생한다.

하지만 조사를 받을 때 취득자금의 출처를 전부 입증해야 되는 것은 아니다.

취득재산가액의 20%와 2억 원 중 적은 금액에 해당하는 가액만큼은 입증하지 못하더라도 증여세는 과세되지 않는다.

이에 대한 것을 다음과 같은 사례별로 차이를 알아보자.

재산취득금액	입증금액	미입증금액	증여재산가액
5억 원	4.5억 원	5천만 원 〈 추정제외기준 1억 원	-
5억 원	1억 원	4억 원 〉 추정제외기준 1억 원	4억 원
15억 원	13.5억 원	1.5억 원 〈 추정제외기준 2억 원	-
15억 원	5억 원	10억 원 〉 추정제외기준 2억 원	10억 원

만약 입증해야 할 취득재산가액이 5억 원이라면 1억 원까지는 입증하지 못해도 전부 입증한 것으로 보며 미입증된 금액이 추정제외기준을 초과하면 미입증된 전액이 증여재산가액이 되어 증여세로 추징되는 것이다.

출처 소명 시 주의해야 할 점은 소득금액에서 지출금액을 차감한 나머지가 인정된다는 것이다. 예를 들어 총급여가 총 6억 원이더라도 신용카드 사용액, 현금영수증 등의 지출분을 제외한 금액이 소명되는 소득금액이라는 것이다.

과거에는 주로 부동산 취득 시 조사를 했다면 최근에는 고액전세자금과 대출금상환자금에 대해서도 조사가 이뤄지고 있으며 2020년부터는 조정지역 내 주택구입 시 국토부에 자금조달계획서를 제출하게 함으로써 더욱더 자금출처조사를 강화하고 있다.

또한 전세금이나 부동산 처분대금에 대해서는 그 금액의 원천을 조사하고 부채에 대해서는 상환하는 과정까지 매년 정기적으로 사후관리하므로, 부모와의 차용거래 등의 증여세가 과세되지 않았다고 해서 안심하면 안 된다.

따라서 고가의 재산을 취득하기 전에 증명 가능한 금액을 미리 파악하고 금액대를 잘 선택해야 할 것이며, 사회초년생이나 주부, 학생 등은 더더욱 취득에 있어서 신중해야 할 것이다.

💡 자금출처조사대상자 선정기준

자금출처조사대상자 선정은 여러 가지 이유가 있지만 최근에는 정보분석을 근거로 조사가 시작되는 경우가 많다. 국세청은 PCI시스템분석자료와 금융정보분석원(FIU) 등으로부터 수집한 자료를 근거로 조사대상자를 선정한다.

여기서 PCI시스템이란 국세청이 파악할 수 있는 납세자의 재산증감, 소비지출, 소득을 비교해 분석하는 시스템이다. 현금의 수입으로 볼 수 있는 부동산, 주식 등 재산의 양도와 신고된 소득금액, 증여세 또는 상속세 신고된 현금 등 합계액과 현금지출 항목인 재산의 취득, 신용카드 사용액, 현금영수증 발행액, 해외송금액 등 합계액을 비교하여 현금수입보다 지출이 더 크면 탈루 혐의금액이 되는 것이다.

금융정보분석원(FIU)에 수집되는 현금거래자료는 금융기관으로부터 자금세탁 관련 혐의 거래를 수집한 후 불법거래, 자금세탁 행위로 의심되는 거래를 국세청, 관세청, 금융위원회, 검찰 등에 제공하는 업무를 하고 있다. 고액현금거래보고와 의심거래보고를 FIU에 보고하게 되어 있는데 이에 대한 금액은 1천만 원 이상으로 보면 된다.

💡 자금출처 소명증빙

구분	자금출처 인정 금액	증빙서류
근로, 퇴직, 사업, 금융소득	소득금액-소득세	원천징수영수증, 소득세 신고서
임대보증금	보증금 or 전세금	임대차계약서
재산처분(부동산 등)	처분가액-양도소득세	매매계약서
현금, 예금 수증	증여재산가액	통장사본, 증여세 신고서
금융기관 차입금	차입금액	부채증명서
사적차입금	차입금액	차용증

상속세

상속세는 어떻게 계산할까?

상속세를 계산할 때 사람들이 많이 혼동하는 것 중 하나가 각자 상속 받은 재산을 기준으로 상속세를 계산하는지, 아니면 상속재산총액에 대해 상속세를 계산하여 나온 세금에 대해서 납부를 나누어 하는 것인지이다.

우리나라는 현재 피상속인의 상속재산총액에 대한 세금을 계산한 다음에 상속인이 분배받은 상속재산가액에 따라 각자 납부할 상속세액을 배분한다. 이를 유산세 방식이라고 한다.

상속세는 다음과 같이 계산된다.

	상속재산	· 상속개시일 현재 피상속인의 재산으로 경제적 가치를 가진 모든 물건 · 상속재산으로 보는 보험금, 퇴직금, 신탁재산 · 상속개시 전 재산을 처분하거나 인출한 금액이 1년 이내 2억 원 이상, 2년 이내 5억 원 이상이면서 그 용도가 명백하지 않은 금액(재산 종류별)
+	증여재산가액	사전증여재산(상속인 10년, 상속인 외의 자 5년)
-	비과세재산가액	국가 등에 유증한 재산, 금양임야 및 묘토 등
-	과세가액불산입재산	공익법인 출연 재산가액 등
-	공과금, 장례비용, 채무 등	
=	상속세과세가액	
-	상속공제	기초공제, 배우자상속공제, 기타인적공제, 일괄공제, 금융재산 상속공제, 재해손실공제, 동거주택상속공제, 영농상속공제, 가업상속공제
=	과세표준	
×	세율	
=	산출세액	
+	세대생략할 증세액	상속인이나 수유자가 피상속인의 자녀가 아닌 직계비속이라면 30% 할증, 상속인이 미성년자이면서 상속재산가액이 20억 원을 초과하는 경우 40% 할증(단, 대습상속의 경우에는 제외)
-	세액공제	증여세액공제, 신고세액공제, 단기재상속세액공제, 외국납부세액공제
=	자진납부할 세액	상속재산분배액에 따라 상속인별로 납부할 세액 결정

어머니가 갑자기 사망하셨는데 뭐부터 준비해야 하나요?

#상속절차 #상속세준비서류

 누군가 사망하면 가장 먼저 해야 할 일은 사망신고입니다. 사망신고는 주민센터를 방문하거나 온라인으로 할 수 있습니다.

그다음에는 상속세 신고를 위한 준비가 필요합니다. 안심상속원스톱서비스와 홈택스서비스를 신청하면 상속재산을 확인할 수 있습니다.

상속재산이 파악되면 유언이 없는 경우에는 상속인들이 협의를 통해 상속재산을 나누는 것이 갈등을 최소화하는 방법이라고 할 수 있습니다.

💡 사망신고 · 안심상속원스톱서비스/홈택스상속재산신청

상속세 신고 준비가 어려운 이유는 사망인의 재산을 상속인들이 모두 파악하고 있는 경우는 드물기 때문이다. 그래서 이런 어려운 상황에서 다음의 절차대로 준비한다면 좀 더 수월하게 상속세 신고를 할 수 있다.

우선, 사망신고를 해야 한다.

사망신고를 함으로써 안심상속원스톱서비스를 이용할 수 있기 때문이다. 안심상속원스톱서비스란 정부에서 사망인의 재산을 조회해 주는 시스템으로 사망자의 본적지 또는 신고인의 주소지나 현주소지 시·구·읍·면의 주민센터에서 할 수 있다. (사망지/매장지/화장지의 시·구·읍·면의 사무소에서 가능)

주민센터에서 사망신고할 때 안심상속원스톱서비스 신청을 함께 할 수 있는데 이 서비스는 사망자의 부동산, 금융재산, 채무 등 재산에 대해서 확인할 때 개별기관을 일일이 방문하지 않고, 한 번의 통합신청으로 결과를 확인할 수 있다.

그다음으로는 홈택스를 통해 상속세가 과세되는 사전증여재산을 조회해 보자.

상속세는 피상속인의 사망 시점 재산뿐만 아니라 상속인들에게 일정 기간 내에 사전에 증여한 재산도 포함하여 과세가 되기 때문에 이전에 상속인들에게 증여한 재산을 확인하기 위해서는 홈택스상속재산 및 사전증여재산조회서비스를 신청하면 파악하기 쉽다. 상속재산조회는 신청일로부터 약 일주일 내로 확인이 가능하다.

💡 홈택스상속재산 및 사전증여재산조회서비스

상속재산이 다음의 과정을 통해 확인되면 재산을 어떻게 나눌지에 대해 상속인들끼리 협의를 하도록 하자. 이 과정에서 각자의 의견을 나누고 합의를 이루면 추후에 일어날 분쟁을 예방할 수 있다.

상속재산을 나누는 방법은 다음과 같다.

유언이 있다면 유언이 가장 먼저 적용된다. 즉, 유언의 내용에 따라 상속이 결정되는데 여기서 중요한 것은 그 유언이 적법한 것이냐이다. 적법한 유언이란, 자필로 작성한 것이 일반적이며 유언장에는 작성자의 서명과 날짜, 주소 등이 정확하게 기재돼 있어야 법적인 효력이 발생한다.

적법한 유언이 없다면 협의분할에 의해 나누는 것이다. 상속인들이 서로 동의하고 협의하여 상속을 나누는 경우에는 상속분할협의서를 작성해야 하며 이 서류는 모든 상속인의 동의로 이뤄져야 한다.

유언도 없고 상속인들 간 협의분할도 이뤄지지 않은 경우, 민법에서 정한 상속순위와 상속비율에 따라 상속이 이뤄진다. 민법에서 정한 순위와 비율은 법에 따라 정해진 것이며, 협의가 필요하지 않다.

민법상 상속순위와 비율은 다음과 같다.

상속순위	상속대상	상속비율
1순위	직계비속과 배우자	원칙 : 공동상속인 모두 1 예외(배우자가 있는 경우) : 공동상속인 1 배우자 1.5
2순위	직계존속과 배우자	
3순위	형제자매	
4순위	4촌 이내의 방계혈족	

예시 **배우자가 있는 경우 상속비율**

　남편이 사망하고, 시어머니 배우자 자녀 두 명만 있는 경우 1순위 상속 대상인 배우자와 자녀(직계비속)가 있기 때문에 2순위 상속인인 시어머니는 상속 대상에서 제외된다. 따라서 상속대상은 배우자와 자녀 두 명이며, 상속비율에 따라 배우자는 1.5/3.5를 상속 받고, 각 자녀는 1/3.5씩을 상속 받게 된다.

💡 상속세 신고 준비서류

상속세 신고를 위한 준비서류는 다음과 같다.

구분	대상	준비서류	비고
기본 서류	피상속인	주민등록등본, 제적등본	
		가족관계증명서	
		사망진단서	
		공과금, 장례비 영수증	
	상속인	상속재산분할협의서	협의분할일 경우
		주민등록등본, 초본	상속인 전원
		계좌별 금융거래내역(10년)	엑셀자료 필수
상속 자산	토지	토지등기부등본, 토지대장	
	건물	건물등기부등본, 건축물대장	
	예금	예금잔액증명서 및 통장사본	상속일 현재 잔액
		계좌별 금융거래내역(10년)	엑셀자료 필수
	보험	보험금납입증명서, 수령(예정)서	
	채권	대여금(금전소비대차계약서)	
		소기업, 소상공인공제금지급계산서	노란우산공제회
		재직 중인 회사가수금, 퇴직금	
	주식	상장주식 : 계좌확인서	
		비상장주식 : 주식변동명세서	
		법인세 신고서 및 결산서(최근 3년)	
상속 부채	임대보증금	임대차계약서	부동산임대사업자
	금융부채	차입금 잔액명세서	
		신용카드 이용대금	
	세금과공과	미납국세 및 지방세 확인서	홈택스, 위택스
사전 상속	처분재산	매매계약서, 사용처 입증서류	2년 이내 처분 부동산 내역 있는 경우
	증여재산	사전증여재산조회 내역	홈택스

상속재산평가방법에 따라 상속세가 달라진다는데?

A 상속재산평가방법은 다양하기 때문에 어떻게 평가하는지에 따라 상속세가 많이 달라질 수 있습니다. 일반적으로 상속재산은 시가로 평가합니다. 시가는 그 재산의 매매가액 또는 감정가액[11]이나 유사한 재산의 매매사례가액[12]을 말합니다.

시가를 확인할 수 없는 재산이 있다면 세법에 명시되어 있는 기준시가로 평가합니다. 현재 거래가 빈번한 아파트, 오피스텔 등은 매매사례가액을 시가로 평가하고 있으나 비주거용 부동산(상가, 단독주택, 토지 등)은 아파트 등과 달리 비교대상 물건이 거의 없고 거래도 빈번하지 않아 매매사례가액을 확인하기 어려워 대부분 기준시가로 평가하고 있습니다. 하지만 감정평가를 받으면 절세할 수 있는 경우가 있을 수 있기 때문에 감정평가도 고려해 보시는 게 좋습니다.

---

11) 수용, 공매 시에는 그 가액, 경매 시에는 경매가액을 시가로 한다.
12) 매매사례가액은 다른 말로 거래된 가격이라고도 할 수 있다. 예를 들어 인근 지역에 있는 비슷한 크기와 특성의 집이 최근에 매매되었다면 그 집의 매매가격이 매매사례가액이 된다. 이런 실제 거래 가격을 참고해서 어떤 부동산이 얼마 정도의 가치가 있는지를 알아보는 것과 같으며 이 가격은 평가나 세금계산에 사용되는 중요한 지표 중 하나이다.

상속 시점에 가치가 금융재산처럼 확정된 것도 있지만 부동산처럼 확정되지 않은 재산도 있다. 따라서 세법에서는 다음과 같이 평가방법을 규정해 놓았다.

일반적으로 상속재산은 시가로 평가한다. 시가란, 상속일(증여일) 전후 6개월(3개월) 이내에 ① 실제 매매가액이 있는 경우 그 금액을 말하며, 실제 매매가액 이외에도 해당 상속(증여) 재산의 ② 감정, ③ 수용, 공매 또는 경매가액도 포함한다.

만약 위 ①, ②, ③ 가액이 없는 경우에는 해당 물건과 유사한 재산의 매매가액을 해당 물건의 시가로 보아 평가하는데 이를 ④ 유사매매사례가액이라 한다.

상증세법 시행령 제49조(평가의 원칙등)

② 제1항을 적용할 때 제1항 각호의 어느 하나에 따른 가액이 평가기준일 전후 6개월(증여재산의 경우에는 평가기준일 전 6개월부터 평가기준일 후 3개월까지로 한다) 이내에 해당하는지는 다음 각 호의 구분에 따른 날을 기준으로 하여 판단하며, 제1항에 따라 시가로 보는 가액이 둘 이상인 경우에는 평가기준일을 전후하여 가장 가까운 날에 해당하는 가액(그 가액이 둘 이상인 경우에는 그 평균액을 말한다)을 적용한다. 다만 해당 재산의 매매등의 가액이 있는 경우에는 제4항에 따른 가액을 적용하지 아니한다.
1. 제1항제1호의 경우에는 매매계약일
2. 제1항제2호의 경우에는 가격산정기준일과 감정가액평가서 작성일
3. 제1항제3호의 경우에는 보상가액·경매가액 또는 공개가액이 결정된 날

아파트, 빌라의 경우 유사매매사례가액을 시가로 보는 경우가 많다.

부동산의 가치를 산정하는 데에는 다양한 방법이 사용되지만, 그중에

서도 유사매매사례가액은 아파트와 같은 공동주택을 평가할 때 가장 많이 활용된다.

유사 매매사례가액은 상속(증여)주택과 유사한 조건의 다른 주택들이 실제로 거래된 매매가격을 상속(증여)주택의 금액으로 평가한다.

다만, 유사매매사례가액을 적용받기 위해서는 상속(증여)주택과 동일한 공동주택단지 내에 있고, 주거전용면적 차이가 5% 이내인 동시에 공동주택가격 차이도 5% 이내 공동주택의 매매가액만 대상이 될 수 있다.

이때 유사부동산에 대한 매매사례가액이 둘 이상인 경우 상속주택과 공동주택가격이 동일하거나, 차이가 가장 적은 공동주택을 우선 적용한다. 만약 동일한 공동주택가격이 둘 이상이면 평가 기준일을 전후로 가장 가까운 날에 해당하는 가액을 적용한다.

단, 여기서 주의할 점은 ④ 유사재산의 매매사례가액은 상속세 신고 이후에 거래가 된 가액은 시가로 보지 않지만 ① 상속재산의 매매가액은 신고 이후라도 상속세 신고기한 내 상속인이 양도를 할 경우 그 금액이 시가가 되기 때문에 추가적인 세금이 발생할 수 있다는 것이다.

유사매매사례가액은 국토교통부 실거래가 공개시스템과 국세청홈택스(상속증여재산평가하기)를 통해 확인 가능하다. 따라서 유사매매사례가액은 유사한 지역, 면적, 시설조건, 가격 등 종합적인 판단을 통해 결정되므로 전문가의 상담을 통해 도움을 받는 게 좋다.

위의 방법으로 만약 시가를 산정하기 어려운 경우에는 어떻게 해야 할까?

시가 산정이 어려운 경우 보충적평가방법[13]에 의하여 평가하며, 이 경

---

13) 해당 재산의 종류, 규모, 거래상황 등을 고려하여 상속세 및 증여세법 제61조부터 제65조까지 규정된 방법

우 부동산은 공시(고시)가격에 의해 평가한다.

부동산 종류에 따라 토지와 건물을 일괄하여 매년 고시가 되는데 이때 고시된 금액이 기준시가 이다. 부동산 종류에 따라 공시된 기준시가를 확인할 수 있는 방법은 다음과 같다.

구분		공시기관	비고
공동주택	2005년까지	국세청	공동주택 기준시가
	2006년부터	국토교통부	국토교통부 부동산 공시가격 알리미
단독주택		국토교통부	
토지			
비주거용 부동산	오피스텔 및 상업용건물	국세청	오피스텔 및 상업용 건물 기준시가 *고시된 기준시가가 없을 경우 일반건물 평가방법으로 산정
	그 외		건물기준시가(양도) 건물기준시가(상증)

공동주택은 공동주택가격, 단독주택은 개별주택가격, 토지는 개별공시지가로 기준시가를 공시하고 있다.

만약 기준시가 조회가 불가능한 경우에는 건물과 토지의 기준시가를 각각 계산하여 합산한 가액이 기준시가 된다.

다만, 저당권·담보권 등이 설정된 재산의 경우라면 당해 재산이 담보하는 채권액을 시가·보충적평가액과 비교하여 큰 금액으로 평가한다. 또한 임대차계약이 체결된 재산의 경우, 임대료 환산가액을 포함하여 가장 큰 금액으로 평가해야 하는데 요즘에는 임대료 환산가액이 기준시가보다 높을 가능성은 적다.

Q 상속 받은 아파트! 기준시가로 신고하면 큰일 날 수 있어요!

#유사매매사례가액 #세액추징 #기준시가

아버지가 사망하시고 몇 년 되지 않아 작년에 어머니마저 사망하시면서 어머니가 살고 계셨던 아파트를 상속 받게 되었습니다. 상속 받은 아파트의 유사매매사례가액이 없어 공동주택가격(4억 5천만 원)으로 신고할 경우 상속세를 납부하지 않아도 된다는 말에 직접 상속세 신고를 했는데 그로부터 1년이 지난 후 최근 국세청으로부터 평가심의위원회가 열린다는 안내문을 받았습니다. 상속일 전후 6개월간 유사매매사례가액이 없어 주택공시가격으로 신고했는데 제가 뭘 잘못 신고한 걸까요?

Ⓐ 상속재산은 기본적으로 시가를 기준으로 평가됩니다. 그러나 시가를 확인할 수 없거나 유사한 부동산의 매매사례가액도 없는 경우 세법에서 정한 기준시가를 적용하여 상속재산을 평가할 수 있습니다. 이때 평가할 수 있는 기간은 원칙적으로 상속일 전후 6개월 동안에 발생한 거래가액만 시가로 보지만 최근에는 평가심의위원회를 통한 평가기간이 확장되어 국세청은 상속일로부터 2년 전에 거래된 유사한 아파트의 거래가액도 시가로 보아 세금을 추징하는 사례가 많이 발생하고 있습니다.

시가(유사매매사례가액)를 적용하는 데 있어 과거에는 원칙적인 평가기간인 상속개시일 전후 6개월 동안 발생된 거래가액을 시가로 보아 상속재산을 평가했지만, 재산평가심의위원회 시가 자문을 통한 평가기간이 상속개시일 2년 전에 거래된 아파트의 거래가액도 매매계약일부터 상속일까지의 가격변동의 특별한 사정이 없다고 인정받는 경우 시가 평가기간을 확장할 수 있게 되었다.

Q 꼬마빌딩을 기준시가로 신고하면 상속세 폭탄을 맞을 수 있다던데…?

#꼬마빌딩 #기준시가신고 #국세청재평가 #상속세폭탄

한 달 전 아버지의 사망으로 아버지 명의로 된 용산구에 있는 4층짜리 꼬마빌딩과 단독주택을 상속 받았습니다. 꼬마빌딩의 현재 시세는 약 85억 원 정도인데 기준시가는 약 70억 원입니다. 단독주택의 경우 기준시가와 시세차이는 약 4억 원 정도 차이가 납니다.

뉴스에 기준시가로 상속세를 신고하는 경우에는 세무서에서 감정평가법인의 감정을 받아 상속세를 다시 부과처분할 수 있다고 하는데 기준시가로 신고하면 안 되는지 궁금합니다.

A 꼬마빌딩의 경우에는 상속세 결정과정에서 시가와 감정평가가액의 차이로 추가 세금 부담이 발생할 수 있습니다. 따라서 두 금액이 크게 차이난다면 스스로 감정평가를 받아 그 금액으로 상속세를 신고하는 것이 좋습니다.

하지만 단독주택의 경우에는 국세청이 직접 감정평가를 의뢰하여 과세하는 대상에 해당되지 않기 때문에 시가가 확인되지 않을 경우 기준시가로 평가하여 신고하는 것도 가능합니다.

시가 확인이 어려운 토지나 상가건물은 시가의 60%인 기준시가로 비교적 낮은 상속세를 부담하기 때문에 시가가 있는 아파트를 상속했을 때와 비교했을 때 세 부담 형평에 어긋난다고 보아, 국세청은 불공정한 평가관행을 개선하고 과세형평을 제고하기 위해 2019.2.12. 이후 상속 및 증여받은 부동산 중 납세자가 기준시가로 상속세 신고를 하더라도 추후 둘 이상의 감정기관에 평가를 의뢰하여 이들이 제시한 감정가액 기준으로 상속재산을 평가하여 과세하도록 하고 있다.

〈상속세 및 증여세법 시행령 49① 개정내용〉

○ (개정내용) 신고 이후에도 납세자 및 과세관청이 감정평가를 통해 시가에 근접한 가액으로 평가할 수 있게 됨

종전	개정('19.2.12 시행)
아래기간 내 발생한 매매 감정가액(원칙) 전·후 6개월(증여 전·후 3개월) 시가(예외) ① 평가기간 외로서 평가 기준일 전 2년 내	아래 기간 내 발생한 매매·감정가액 (원칙) 전·후 6개월(증여 전·후 3개월) 시가(예외) ① 평가기간 외로서 평가 기준일 전 2년 내 ② 평가기간 경과 후 법정결정기한까지 (추가)

〈적용례〉 이 영 시행 이후 상속인 개시되거나 증여 받는 분부터 적용

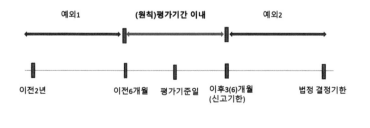

〈상속 증여세 신고기한 및 법정결정기한〉		
구분	신고기한	법정결정기한
상속세	상속개시일이 속하는 달의 말일부터 6개월 이내	신고기한부터 9개월
증여세	증여 받은 날이 속하는 달의 말일부터 3개월 이내	신고기한부터 6개월

구분	종전	2019.2.12. 시행
원칙적인 평가기간	상속개시일 전후 6개월 (증여일 전후 3개월)	상속개시일 전후 6개월 (증여 전 6·후 3개월)
평가심의위원회 평가기간	평가기간 전의 매매 등 사례가액을 평가심의위원회의 심의를 거쳐 시가인정 ① 평가기간 외로서 평가기준일 전 2년 내 발생한 매매 등 사례가액	평가기간 전·후의 매매 등 사례가액을 평가심의위원회의 심의를 거쳐 시가인정 ① 평가기간 외로서 평가기준일 전 2년 내 발생한 매매 등 사례가액 ② 평가기간 후 법정결정기한 [신고기한부터 상속세 9개월(증여세 6개월)]까지 발생한 매매 등 사례가액 추가

① 재산평가심의위원회 시가 자문을 통한 평가기간이 확장되어 상속일로부터 2년 전에 거래된 유사한 재산의 거래가액도 재산평가심의위원회를 통해 인정받는 경우 원칙적인 평가기간 이전에 발생한 거래가액도 상속재산을 평가할 수 있다.

② 게다가 2019.2.12. 이후 세법이 개정으로 이제는 원칙적인 평가기간 기준일 2년 전에 발생한 거래가액뿐만 아니라 상속신고기한부터 9

개월까지 발생한 매매가액 또는 둘 이상의 감정기관에 의뢰하여 평가된 가액 등을 시가로 보아 재산평가심의위원회의 심의를 거쳐 상속재산을 평가할 수 있게 되었다. 이 경우 모든 상속재산에 대해서 적용되는 것이 아니라 편법 증여 수단으로 악용될 소지가 높은 꼬마빌딩, 나대지 등에 대해서만 적용되고 단독주택, 다가구주택 등은 적용대상이 아니다.

상속세가 없더라도 신고하면 양도소득세를 줄일 수 있다?

#상속세0원 #감정평가절세 #단기양도부동산

어머니가 얼마 전에 사망하셨는데 상속재산은 시골에 있는 토지(기준시가 3억 원)뿐입니다. 아버지가 계신 상태라 상속세는 없을 것 같아 신고를 하지 않으려고 했지만, 친구가 추후 양도소득세를 적게 내려면 감정평가를 받아 상속세 신고를 하라고 하는데 맞는 걸까요? 탁상감정을 받아 보니 감정가액은 5억 원입니다.

Ⓐ 배우자인 아버지가 살아 계실 경우 상속재산금액이 10억 원을 넘지 않는다면 상속세는 없지만, 부동산을 상속 받은 경우에는 상속세 신고를 하지 않았을 때보다 상속세 신고를 하는 것이 유리한 경우가 많습니다. 상속세를 신고하지 않았을 때 취득가액은 시가의 60%인 기준시가금액이지만 감정평가를 받아 상속세 신고를 한다면 시가인 감정가액이 취득가액이 되므로 무신고할 때보다 신고를 할 경우 취득가액이 약 40% 높아지므로 그만큼 양도소득세를 절세할 수 있습니다.

보통 배우자가 살아 있는 경우, 배우자상속공제 5억 원과 일괄공제 5억 원을 적용받을 수 있기 때문에 상속재산이 10억 원을 넘지 않는다면 상속세가 나오지 않는다.

이런 경우 대부분 상속세를 신고하지 않아도 된다고 생각한다. 하지만 상속재산이 부동산일 경우에는 그러한 생각이 큰 실수가 될 수 있다.

상속세를 신고하지 않으면 부동산의 경우에는 기준시가로 상속재산이 평가되어 취득한 것으로 본다. 일반적으로 기준시가는 시가의 60% 이하 수준이므로 상속세를 신고하지 않고 상속 받을 경우 상속재산의 취득가가 시세보다 낮게 반영되어 추후 상속재산을 양도할 때 양도차익이 크게 발생하여 높은 양도소득세를 부담할 수도 있다.

다음 사례를 보면 보다 쉽게 이해할 수 있다.

상속 당시 토지의 시세(감정평가)는 5억 원, 기준시가는 3억 원인이고, 3년 이후 7억 원에 양도한다고 가정한다.

구분	상속세미신고 시 양도소득세	상속세 신고 시 양도소득세	절세액
양도가액	700,000,000	700,000,000	
취득가액	300,000,000	500,000,000	
양도차익	400,000,000	200,000,000	
장기보유특별공제[14]	24,000,000	12,000,000	
양도소득금액	376,000,000	188,000,000	
양도소득기본공제	2,500,000	2,500,000	

14) 장기보유특별공제를 적용받은 보유기간은 3년이라고 가정한다.

과세표준	373,500,000	185,500,000	
세율	40%	38%	
산출세액	123,460,000	50,550,000	72,910,000

상속세를 신고하지 않았을 때와 신고를 했을 때 모두 상속재산이 10억 원을 넘지 않기 때문에 상속세는 없다.

하지만 추후 상속재산을 양도할 때는 다르다. 상속재산의 경우 상속 시점 평가금액이 양도자산의 취득가액이 되기 때문에 상속세를 무신고 했을 때 취득가액은 기준시가인 3억 원이지만, 시세를 반영한 감정평가액으로 신고를 한 경우에는 취득가액이 5억 원이기 때문에 납부해야 하는 양도소득세는 7천만 원 차이가 난다.

따라서 사례와 같이 기준시가와 시가와의 차이가 큰 토지, 단독주택, 빌라, 상가건물인 경우 시세를 반영하여 상속세를 신고하는 것이 절세 포인트가 될 수 있다.

💡 보충적 평가방법

〈예·적금〉

예·적금의 경우 상속개시일 현재의 예입금액에 미수이자를 가산한 뒤 이자에 대한 원천징수세액을 차감한다. 외화예금의 경우 상속개시일 현재의 「외국환거래법」제5조1항에 따른 기준환율 또는 재정환율에 따라 환산한 가액을 기준으로 평가한다. 기준환율은 서울외국환중개 사이트에서 조회가 가능하다.

〈주식〉

코스피·코스닥 상장주식의 경우 상속개시일 기준 이전·이후 각 2개월 (총 4개월)간에 공표된 매일의 거래소 종가의 평균액으로 평가한다.

비상장주식의 경우 시가가 없는 경우가 일반적이기 때문에 상증세법에서 비상장주식 평가방법인 보충적 평가방법에 따른 금액으로 평가한다. 보충적 평가방법은 다음과 같다.

일반적인 경우	MAX[(순자산가치 × 40%) + (순손익가치 × 60%), 순자산가치의 80%]
부동산과다법인	MAX[(순자산가치 × 60%) + (순손익가치 × 40%), 순자산가치의 80%]
기타	순자산가치의 100%로 평가하는 경우 · 사업개시 전 법인, 사업개시 후 3년 미만법인, 휴업이나 폐업 중인 법인 · 신고기한 이내 해당 법인이 청산절차 진행 중이거나 사업자가 사망한 경우 등으로 사업을 계속하기 곤란한 경우 · 자산 총액 중 부동산·주식이 80% 이상인 법인 · 법인 설립 시 존속기간이 정해진 경우로서 평가일 현재 남은 존속기한이 3년 이내인 법인

참고 예외적으로 비상장주식의 매매사례가액이 있는 경우 해당 매매 사례가액을 시가로 볼 수 있다. 매매사례가액으로 평가할 수 있는 조건은 다음과 같다.

상속의 경우 상속개시일 전후 6개월(증여의 경우 3개월)간에 매매가 이루어진 경우에 해당 거래가액으로 평가할 수 있다(해당 기간에 포함되지 않았더라도 평가심의위원회에 심의를 거쳐 매매사례가액으로 평가할 수 있도록 인정받은 경우 가능하다). 다만, 특수관계인과의 거래가액은 일반적으로 불가능하며, 거래규모가 지분율 1%의 액면금액과 3억 원 중 작은 금액보다 적을 경우에도 불가능하다.

〈펀드〉

집합투자증권의 평가는 상속개시일 현재의 한국거래소의 기준가격을 기준으로 평가한 가액으로 한다. 다만, 집합투자증권의 경우 예·적금과 다르게 기준가격에 원천징수세액은 차감하지 않는다. (서일46014-10330, 2003. 3. 18)

〈보험금〉

상속재산으로 과세되는 보험금은 피상속인의 사망을 원인으로 받게 되는 생명보험·손해 보험의 보험금으로서 피상속인이 보험계약자로서 피상속인이 실질적으로 납입한 보험금을 말한다.

보험금의 평가는 원칙적으로 상속개시일까지 납부한 보험료 합계액에 이자수입 상당액을 가산한 금액을 상속재산으로 평가하는데 보험계약을 해지한 뒤 수령하는 해지환급금을 상속재산가액으로 상속세를 신고하는 경우 그 가액으로 평가한다.

💡 보험회사의 지급명세서 제출의무

보험금 수취인과 보험료 납입자가 같은 경우로서 지급 누계액이 1천만 원이 되지 않는 경우를 제외하고는 보험회사는 보험금을 지급하거나 명의변경을 하는 경우에 국세청에 지급명세서를 제출할 의무가 있다. 따라서 보험금 수령사실을 국세청도 알고 있기 때문에 누락해서 불이익을 얻게 되는 일이 없도록 해야 한다.

〈차량〉

차량의 평가는 재취득가액(연식과 옵션 등 유사한 자산의 중고가액 시세), 장부가액, 시가표준액(홈택스에서 조회)을 순으로 평가한다.

〈부동산〉

부동산의 평가는 상증세법상 평가원칙인 시가로 평가한다. 따라서 상속개시일 전후 6개월 매매(유사재산 매매가액 포함)·감정·수용·공매·경매가액 중 상속개시일을 기준으로 가장 가까운 가액을 시가로 본다.

시가를 산정하기 어려운 경우 세법에서는 재산 종류별로 평가할 수 있는 기준시가방법을 규정하고 있다.

〈퇴직금〉

피상속인이 근무지에서 1년 이상 근무함으로써 지급받는 퇴직금, 퇴직수당, 공로금, 연금 또는 기타 유사한 것이 피상속인의 사망으로 인하여 지급되는 경우 상속재산에 포함되므로 누락하지 않도록 주의해야 한다.

Q 주택을 상속 받아 2주택자가 되었는데 비과세는 못 받게 되는 걸까?

#상속주택특례 #양도세특례 #2주택자배제 #1세대1주택비과세

40대가 되기 전에 목표했던 경기도 수원에 내 집 마련을 했습니다. 하지만 기쁨도 잠시 아버지가 갑자기 사망하시면서 유일하게 남겨주신 재산인 주택을 상속 받았는데 나중에 수원 집을 양도하면서 상속 받은 주택 때문에 2주택자가 되어 세금을 많이 내게 될까 봐 불안합니다.

A 상속 받은 주택 때문에 2주택자가 되는 경우, 상속 이전에 구입한 주택(이하 일반주택이라 함)을 양도할 때 일정 요건을 충족한다면 먼저 양도하는 일반주택은 1주택으로 보아 비과세를 적용받을 수 있습니다.

요즘 정부가 주택수에 따른 제재가 늘어나면서 주택을 상속 받는 것에 대한 두려움도 많아진 게 사실이다. 괜히 주택을 잘못 상속 받았다가 다주택자로 중과되거나 종부세 폭탄이 될 수도 있기 때문이다. 하지만 다음의 요건을 충족한다면 일반주택을 양도할 때 비과세를 적용받을 수 있다.

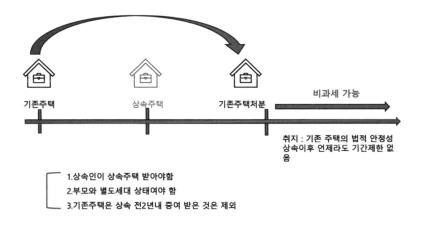

ⓐ 상속개시일 이전에 일반 주택을 소유하고 있어야 한다. 따라서 상속주택을 보유한 상태에서 또 다른 주택을 취득하는 경우는 해당하지 않는다.

ⓑ 세대가 분리된 아버지로부터 주택을 상속 받아야 한다. 동일 세대에 해당하는 경우 1세대당 2주택자에 해당하므로 비과세적용을 받을 수 없다.

ⓒ 1세대 1주택 비과세 기본요건인 양도일 현재 일반주택을 2년 이상 보유해야 한다.

ⓓ 일반주택을 상속주택보다 먼저 양도해야 한다.

여기서 주의할 점은 상속 받은 주택을 먼저 양도하는 경우에는 비과세 특례가 적용되지 않는다는 것이다. 이는 상속주택으로 인하여 비과세를 적용받지 못하게 되는 불이익을 방지하기 위한 규정이므로 일반주택을 먼저 양도할 때에 마치 상속주택이 없는 것으로 보아 비과세혜택을 적용받을 수 있게 된다.

주택을 공동명의로 상속 받았는데 모두 다주택자 가 되는 걸까?

#공동명의상속주택 #소수지분상속주택자 #상속주택특례

아버지 혼자 살고 계셨던 상속주택을 4형제가 공동명의로 하고 지분도 동일 하게 25%씩 나눠 가졌습니다. 최근 친구가 공동상속 받은 주택 때문에 일반 주택을 양도하면서 세금을 많이 냈다는 말을 듣고 걱정이 많이 됩니다. 저도 상속주택 때문에 양노세가 많이 나올까요?

A 주택을 공동으로 소유한 경우 원칙은 공동 소유자 모두가 그 주택을 각 각 소유한 것으로 봅니다. 다만, 공동으로 상속 받은 주택이라도 소수지 분자에 해당하는 하는 자는 소유주택으로 보지 않는 특례가 있습니다. 지분이 동일하다면 상속인들 중 가장 나이가 많은 자의 주택으로 보기 때문에 다른 상속인들은 소수지분자에 해당되므로 비과세 규정을 적용 받을 수 있습니다.

공동명의 상속주택에 대해서 특례가 적용된다면 주택수에서 제외될 수도 있기 때문에 다음의 요건을 확인할 필요가 있다.

상속주택특례 요건이란 ① 상속지분이 가장 큰 상속인의 소유주택으로 보아 소수지분은 주택수에서 제외된다. 만약 상속지분이 가장 큰 상속인이 다수인 경우 ② 당해 주택에 거주하는 자 ③ 최연장자의 소유주택으로 보기 때문에 다른 상속인(소수지분자)의 소유주택으로 보지 않는다.

상속주택특례는 피상속인이 다주택자인 경우 피상속인이 소유한 기간이 가장 긴 주택(소유기간이 동일한 경우 거주기간)에 대해서만 적용된다.

Q 임대부동산을 상속 받았는데 뭐부터 해야 될까요?

#상가건물상속 #임대사업자승계

지난 달 10월 1일에 어머님이 사망하시면서 어머님이 임대하고 계셨던 상가건물을 상속 받게 되었습니다. 기한 내에 신고를 하지 않거나 잘못 신고할 경우 가산세 문제도 생긴다는데 어머님의 상가건물을 상속 받을 경우 어떻게 해야 되는지 막막합니다. 당장은 상속 받은 상가건물을 양도할 계획은 없으며 어머니의 임대사업을 이어가려고 하는데 이때 세무절차가 궁금합니다.

A 피상속인이 임대사업을 운영하다 사망한 경우로서 상속인들이 이를 그대로 승계하는 경우 사업자번호는 그대로 승계되므로 사업자등록정정신고만 하면 됩니다.

따라서 사업장 단위로 납부하는 부가가치세는 다음 연도 1월 25일까지 신고하면 됩니다. 다만, 개인별로 과세되는 종합소득세는 사망일 이전인 1월부터 9월까지의 소득에 대해서 어머님의 종합소득세를 상속세 신고기한인 4월 30일까지 신고해야 하므로 누락하지 않도록 주의해야 합니다.

💡 임대사업자등록 정정

건물주 200만 시대가 도래하면서 부동산임대사업사 비중 또한 빠르게 늘어나는 추세이다. 그러다 보니 임대사업을 상속 받는 경우 또한 빈번하게 발생한다.

임대 중인 건물을 상속 받게 되면 양도를 하거나 임대사업을 계속해서 유지하게 된다.

상속인이 사업을 유지하는 경우에는 해당 사업자를 폐업하고 새로운 사업자를 내는 것이 아니라 사업자는 그대로 유지한 채 대표자만 변경하면 되므로 이 경우 사업자등록번호는 그대로 유지된다.

또한 임대사업을 상속인 한 명이 아닌 공동으로 상속 받은 경우에는 상속재산분할협의를 한 후 공동사업자 1인을 공동사업운영 대표자로 하여 출자지분 및 손익분배의 비율 등이 기재된 동업계약서를 세무서에 제출하면 된다. 이때 출자지분과 손익분배비율은 공동사업의 기여 역할에 따라 달리 정할 수 있다.

부가가치세법 시행령 제14조 - 사업등록사항의 변경

① 사업자가 다음 각 호의 어느 하나에 해당하는 경우에는 지체 없이 사업자의 인적사항, 사업자등록의 변경 사항 및 그 밖의 필요한 사항을 적은 사업자등록 정정신고서를 관할 세무서장이나 그 밖에 신고인의 편의에 따라 선택한 세무서장에게 제출(국세정보통신망에 따른 제출을 포함한다)해야 한다.
5. 상속으로 사업자의 명의가 변경되는 경우
6. 공동사업자의 구성원 또는 출자지분이 변경되는 경우

※ 주의사항: 사업자등록 정정사유가 발생한 경우 지체 없이 정정을 하도록 부가가치세법은 규정하고 있다. 여기서 지체 없이란, 상속개시 후 실질적으로 사업을 영위하는 상속인이 확정된 경우 해당 상속인 명의로 지체 없이 사업자등록정정을 하라는 의미이다.

상속세 신고기한 이내에 상속재산분할협의가 완료된 경우 일반적으로 상속세 신고기한 이내에 사업자등록정정 절차를 완료해야 한다.[15]

💡 임대사업자 부가가치세 신고

상속으로 인하여 피상속인이 더 이상 임대사업장을 운영할 수 없게 되더라도 이는 폐업사유에 해당되는 것이 아니기 때문에 상속인인 아들이 임대사업장을 승계할 경우 부모님이 운영하셨던 기간(7월-9월)과 상속받은 기간(10월-12월)을 합산하여 2023년 2기 부가가치세를 2024년 1월 25일까지 신고하고 납부해야 한다.

※ 주의사항: 사업자의 사망으로 당해 사업을 계속 영위하지 않고 상가 건물을 타인에게 양도할 경우라면 지체 없이 폐업신고를 한 후 폐업일이 속하는 달의 말일부터 25일 이내 부가가치세를 신고 및 납부를 해야 한다.

---

15) 만약 상속세 신고기한 이내에 상속재산분할협의가 완료가 안 된 경우 선행적으로 법정상속지분에 따라 사업자등록 정정신고를 한 후 그 신고내용에 따라 부가가치세 신고, 납부하고 협의 분할 또는 판결에 의해 상속인이 결정될 경우 실질사업자 명의로 지체 없이 사업자등록을 정정한다. 이때 실질사업자 명의로 확정되지 않은 건을 교부받은 세금계산서는 매출세액에서 공제하고 당해 신고분에 대하여는 부가가치세법상 가산세는 적용되지 않는다. (부가 서면-2017-부가-1172)

💡 피상속인의 종합소득세 및 상속세 신고

거주자가 사망한 경우 피상속인의 상속개시일(사망일)까지 발생한 종합소득을 상속개시일이 속하는 달의 말일부터 6개월이 되는 날까지 종합소득세를 신고하여야 한다.

10월에 사망하신 경우 상속세 신고기한에(2024년 4월 30일까지) 상속세 신고뿐만 아니라 피상속인에 대한 종합소득(2023년 1월부터 9월 30일까지) 신고도 잊지 말고 해야 한다. 이때 발생한 소득세 납세액은 상속세 과세가액 계산 시 채무금액에 포함하여 차감할 수 있다.

차명부동산 신고해야 할까요? 안 해도 될까요?

#차명부동산 #부동산실명법위반 #차명과징금

상속세를 준비하던 중 아버지의 계좌에서 해당 주택구입자금 이체내역과 주택에 대한 월세소득이 아버지 계좌로 입금이 된 것을 보고 아버지의 차명부동산을 알게 되었습니다. 해당 주택을 상속세 신고를 할 때 포함해서 신고를 할 경우 추가되는 세금뿐만 아니라 과징금도 있다는데 어떻게 해야 할까요?

A 차명부동산이 확인되는 경우 부동산실명법위반으로 과징금 및 형사처분에 처해질 수 있으므로 자진신고를 하기 전에 세무전문가와 상담을 하고 결정하는 게 바람직합니다.

차명재산이 있는 이유는 사람마다 다양하다. 편의상 하는 사람도 있겠지만 본인의 재산을 누락하여 종합소득세나 상속세 등의 세금 문제 등을 회피하려는 이유가 가장 많을 것이다. 국세청에서는 부동산 거래가 투명한 절차로 이루어질 수 있도록 부동산 실권리자의 등기에 관한 법률(이하 부동산실명법)을 시행했다. 그로 인해 1995년 7월 1일부터 모든 부동산에 대해 소유권, 전세권 등의 일체의 권리가 다른 사람의 명의로 등기되는 것이 금지되었다.

따라서 명의신탁 부동산에 대해서는 다음과 같은 과징금이 발생한다.

명의신탁자(실소유자)	명의수탁자(명의자)
5년 이하의 징역 또는 2억 원 이하의 벌금 및 부동산가액의 30%를 과징금부과	3년 이하의 징역 또는 1억 원 이하의 벌금

이러한 과징금 때문에 상속재산에 차명부동산을 포함하여 신고하는 것이 쉽지 않다.

하지만 상속세 신고 후 세무조사가 시작되면 피상속인과 상속인의 10년간 예금계좌를 모두 조회하고 분석하므로 차명재산을 포함하지 않고 상속세 신고했다가 추후 차명재산이 드러나게 되면 이에 따른 상속세 및 가산세가 발생하기 때문에 세금폭탄을 맞을 수 있다.

따라서 세무조사단계에서 명백하게 드러날 확률이 크다고 판단될 경우라면 세무전문가에게 상담을 받아 문제를 최소화해야 할 것이다.

차명계좌를 상속재산으로 신고하지 않을 경우, 어떤 문제가 생길까?

아버지가 5년 전에 보유하고 있던 토지가 수용이 되면서 대가로 받은 80억 원을 모두 금융재산으로 갖고 있을 계획이었으나 금융(이자, 배당) 소득이 연 2천만 원을 초과할 경우 종합소득세에 포함되어 추가적인 세금이 부담할 수 있다는 친구의 말에 배우자와 자녀들의 명의로 계좌를 만들어 정기예금과 증권계좌를 나누어서 가입했습니다.

그러다 갑작스런 사고로 아버지가 사망하였는데 상속세를 신고를 의뢰하던 중 아버지 명의로 된 재산에 대해서만 상속세 신고를 하고 납부하면 될 줄 알았는데 타인 명의로 가입된 계좌도 상속재산에 포함되어 신고해야 된다고 하는데 정말 포함해서 신고해야 되나요?

A 차명계좌가 상속세 세무조사에서 사실이 확인되는 경우 증여세 면제한 도 내의 거래이거나 계, 친목모임의 회비, 교회 등의 자금을 운용 목적 이라면 별도 규정은 적용되지 않으나 고의로 불법재산은닉, 자금세탁, 탈세를 목적으로 하는 차명계좌 거래를 할 경우에 해당한다면 금융실명 제 위반으로 과징금 및 형사처분이 처해질 수 있으므로 자진신고를 하 기 전에 세무전문가와 상담을 하고 결정하는 게 바람직합니다.

금융실명거래 및 비밀보장에 관한 법률(이하 금융실명법)에 따르면 모든 금융거래는 본인의 계좌로 이루어져야 하며, 이를 위반할 경우 5년 이하의 징역 또는 5천만 원 이하의 벌금을 부과한다.

상속세 세무조사가 시작되면 피상속인과 상속인의 10년 동안의 모든 계좌 거래 내역을 조회하여 분석하기 때문에 아버지로부터 입금 받은 내역을 숨길 수는 없을 것이다. 따라서 이에 대해 정확한 소명을 하지 못할 경우 사전증여재산으로 보아 상속재산에 포함하여 상속세가 추가 과세될 수 있을 뿐만 아니라 신고·납부불성실가산세까지 추가 과세되므로 차명 부동산과 마찬가지로 해당 입금 내역에 대해서 달리 설명할 방법이 없다면 사전에 정기신고할 때 차명예금도 포함해서 신고하는 것이 가산세만큼이라도 줄일 수 있는 현명한 방법이다.

TIP

금융재산공제는 피상속인의 상속개시일 현재 상속재산가액에 포함되어 있는 금융재산가액에 대하여 적용하는 것이기 때문에 사전증여한 금융재산과 차명의 금융재산은 원칙적으로 금융재산공제를 적용받을 수 없다.

다만, 차명의 금융재산이라 하더라도 피상속인의 재산에 포함하여 상속세 신고기한 내에 신고를 한 경우에는 금융재산상속공제가 가능하다.

보험금을 납부한 사람에 따라 상속세가 달라진다던데…?

#보험금 #의제상속재산

최근 투병 중에 어머니가 사망하셨고 어머님 재산을 정리하면서 어머니가 사망하시기 전에 보험가입을 많이 하신 걸 알게 되었습니다. 인터넷에 찾아보니 보험의 경우 계약자와 피보험자, 수익자가 누구인가에 따라 상속세 또는 증여세가 부과될 수 있다고 하던데 상속재산에 포함해서 신고해야 되는 보험금은 어떤 건지 궁금합니다.

A 보험금은 보험료를 납부한 사람과 수령하는 사람이 일치하지 않은 경우 이를 자산의 무상이전으로 보아 세금이 부과됩니다. 사망한 어머님이 납부한 보험에 대해 자녀가 보험금을 수령하는 경우에는 상속세가 발생하지만 자녀가 보험료를 납부하고 받는 보험금은 상속세가 발생하지 않습니다.

따라서 상속재산으로 보는 보험금의 가액은 피상속인이 사망 시까지 실질적으로 보험료를 부담한 비율에 해당하는 보험금만 해당됩니다.

상속재산 중에 큰 금액으로 볼 수 있는 금융재산 중 하나는 보험금이다.

보험계약에서는 계약자, 피보험자, 수익자가 존재한다. 계약자는 보험을 계약하고 보험료를 납입하는 사람을 의미한다. 피보험자는 보험의 대상이 되는 사람이다. 마지막으로 수익자는 이 계약관계에서 보험금을 받게 되는 사람이다.

여기서 보험계약자는 형식적인 요건이고 보험계약자가 다른 사람이더라도 실질적으로 사망한 부모님이 보험료를 납부했다면 상속재산에 포함된다. 따라서 간주상속재산에 포함되는 보험금은 실질적으로 보험료를 누가 납부했는지가 가장 중요하다.

따라서 사망보험금의 경우 보험금을 납입하는 자와 피보험자가 같을 때만 상속세가 발생한다. 보험금에 대해서 상속세·증여세가 부과되는 자세한 과세유형은 다음과 같다.

유형	보험료 물입자	보험계약자	피보험자	보험금 수익자	보험사고	상속세·증여세 과세 여부
1	부	부	부	자녀	부 사망	상속세
2	부	부	모	자녀	모 사망	증여세
3	부	자녀	부	자녀	부 사망	상속세
4	자녀	자녀	부·모	자녀	부·모 사망	과세 안 됨
5	부·모	부·모·자녀	부·모·자녀	자녀	연금 지급 개시	증여세
6	자녀	자녀	자녀	자녀	연금 지급 개시	증여세
7	자녀	자녀	부·모	자녀	부·모 사망	증여세

상속을 포기하면 생명보험금을 못 받을까?

#상속포기 #생명보험금

아버지 사망으로 상속세 신고를 준비하던 중 아버지 명의로 된 자산은 보통 예금 1천만 원이 전부였지만 채무는 15억 원이라는 사실을 알게 되어 상속 포기 신청을 했습니다. 그런데 보험회사에서 아버지가 저를 수익자로 가입한 생명보험금이 있다는 사실을 알게 되었습니다. 생명보험금 예상 수령액이 8억 원이라는데 상속 포기했기 때문에 아버지의 생명보험금도 받을 수 없는 건가요?

상속을 포기하면 재산도 받지 못하지만 대신 부채도 승계되지 않는 장점이 있습니다. 대법원 판례에 따르면 상속을 포기하더라도 상속인이 수익자로 지정된 생명보험금은 상속인 재산으로 보기 때문에 상속을 포기하더라도 생명보험금은 상속인이 받을 수 있습니다.

상속인들이 상속재산을 반드시 받아야 하는 것은 아니다. 즉, 상속재산에 대해서 포기하는 것도 가능하다. 상속 포기는 사망한 날부터 3개월 이내에 해당 지역의 법원에 신고하면 되는데 한 번 상속을 포기하면 다시 돌이킬 수 없으니까 신중하게 결정해야 한다.

대법원에서는 부모가 생명보험에 가입할 때, 자신을 피보험자로 설정하고 자녀를 수익자로 지정한 경우 다른 일반 보험금과 달리 보험금을 상속 받는 것이 아니라 보험계약의 효력상 자녀의 고유재산을 수령하는 것으로 본다. [대법원 2004. 7. 9. 선고 2003다29463, 판결]

따라서 보험사고(사망)가 발생하여 생명보험금을 수령하면 상속인이 받기로 되어 있던 금액은 피상속인에게서 상속 받은 재산에 해당하지 않기 때문에 상속을 포기하더라도 생명보험금은 상속인이 받을 수 있다. 즉 일반적인 보험금(저축보험, 연금보험, 피상속인이 수익자인 보험 등)은 피상속인의 상속재산이므로 상속을 포기할 경우 상속인이 보험금을 수령할 수 없지만, 상속인을 수익자로 지정한 생명보험금에 한해서는 상속을 포기하더라도 보험금을 수령할 수 있다.

다만, 세법의 경우 보험금을 상속재산으로 간주하고 있으므로 위 보험금을 상속재산에 포함하도록 하고 있으므로 상속을 포기했어도 수령한 생명보험금은 상속재산에 포함하여 상속세를 신고해야 한다.

Q 사망 전 1년에 2억 원 이내로 출금하면 상속세를 피할 수 있을까?

#현금출금 #재산처분 #채무부담 #추정상속재산

2년 전 아버지가 시한부판결을 받으시면서 저와 동생에게 아버지의 재산을 어느 정도 증여해 주셨습니다. 그리고 상속 준비를 하던 중 상속일 전 1년에 2억 원 이내로만 인출하면 아무 문제가 없다는 말에 아버지가 사망하시기 1년 전 아버지 계좌에서 한 달에 1천만 원씩 비정기적으로 출금한 총액이 약 1억 8천만 원입니다. 2억 원이 넘지 않기 때문에 이건 상속세문제가 없을까요?

A 1년에 2억 원 이내로만 현금을 인출하면 문제가 없는 것은 맞습니다. 단, 1년에 2억 원은 현금인출금액만이 아닌 유가증권 및 공과금, 카드 사용에 따른 인출액 등을 포함하므로 이 모든 금액이 2억 원 이하여야 하는 것입니다.

따라서 아버지가 사망하시기 전에 현금인출금액은 1억 8천만 원이지만 매월 카드 사용금액이 300만 원일 경우에는 두 금액을 합하면 2억 원이 넘기 때문에 추정상속재산에 해당되어 상속세문제가 발생할 수 있으므로 주의해야 합니다.

피상속인의 사망이 임박해 오면 혼히들 통장에 있는 돈을 인출하자고 하거나 부동산을 처분하자는 얘기들을 많이 한다.

사망 전에 이러한 행위를 통해 상속세를 피할 수 있을 거라 생각하지만 이를 제재하기 위한 규정이 바로 추정상속재산이다.

상속개시일 전 재산을 처분하거나 인출한 금액이 "재산 종류별"로 구분하여 1년 이내(5년 이내) 2억 원(5억 원) 이상이면서 그 용도가 명백하지 아니한 금액은 상속인이 상속 받은 것으로 추정하여 상속세과세가액에 가산한다.

💡 추정상속재산의 요건

1. 재산처분 또는 인출금액 요건

1) 상속개시일 전 1년 이내에 재산 종류별로 계산하여 2억 원 이상인 경우

2) 상속개시일 전 2년 이내에 재산 종류별로 계산하여 5억 원 이상인 경우

* 이때 재산 종류별이란 현금 · 예금 · 유가증권/부동산 · 부동산에 관한 권리/그 밖의 재산 3가지로 분류

2. 채무부담금액 요건

1) 상속개시일 전 1년 이내에 발생한 채무가 2억 원 이상인 경우

2) 상속개시일 전 2년 이내에 발생한 채무가 5억 원 이상인 경우

추정상속재산 = 미입증금액 - min[피상속인이 재산을 인출한 금전 등 금액의 20%, 2억 원]

할아버지가 사망한 경우, 손자도 상속인이 될 수 있을까?

#대습상속 #세대간할증배제

어렸을 때 사고로 부모님이 먼저 돌아가시고 며칠 전 할아버지가 사망하셨습니다. 할아버지의 자녀로는 사망하신 아버지와 고모 한 분이 있으신데 아버지를 대신해서 저도 할아버지 재산을 상속 받을 수 있을까요?

A 부모님이 먼저 사망하신 후 할아버지께서 사망하신 경우라면 대습상속을 통해 손자녀가 법적으로 상속인이 됩니다. 간혹 고모가 할아버지가 사망하시기 전에 이미 재산을 증여 받아 모두 나눠 가진 경우에는 대습상속인들이 고모를 상대로 "유류분반환"을 청구하는 것도 가능합니다.

세법에서는 세대를 건너뛰어 손자에게 바로 상속이 이루어지는 경우 할증하여 상속세가 부과된다. 일반적인 상속의 경우 아들에게 상속할 때 상속세가 한 번 부과되고 아들이 손자에게 상속할 때 또다시 상속세가 부과되지만, 할아버지가 손자에게 상속을 하면 상속세가 한 번밖에 부과되지 않게 되므로 형평성이 저하되는 걸 방지하기 위하여 세대를 생략하여 상속을 받는 경우 상속세산출세액에 30%[16]를 가산하는 것이다.[17]

세대생략할증세액 :

$$\text{상속세(증여세)산출세액} \times \frac{\text{피상속인(증여자)의 자녀를 제외한 직계비속이 상속(증여) 받은 재산가액}}{\text{총상속(증여)재산가액}} \times 30\%(40\%)$$

세대를 건너뛴 상속에 대한 할증과세는 상속세산출세액이 있는 경우에만 적용되므로 상속재산이 많지 않아 상속세가 비과세되는 경우에는 필요에 따라 세대를 건너뛴 상속도 고려해 보는 게 좋다. 다만, 이 경우 상속공제한도가 적용되어 상속세를 부담하는 경우도 있기 때문에 전문가와의 상담이 필요하다.

---

16) 미성년자인 상속인, 수유자, 수증자가 받을 상속재산의 가액이 20억 원 이상인 경우 40%.

17) 산식에서 총상속재산가액이란 사전증여를 통해 상속세과세가액에 가산된 금액을 포함한 상속세과세가액 상당액을 말하며 상속인 또는 수유자가 아닌 자가 사전증여 받아 가산된 경우는 포함하지 않는다.
   또한 피상속인의 자녀를 제외한 직계비속이 상속 받은 재산가액에도 상속인 또는 수유자가 아닌 자가 사전증여 받아 가산된 경우는 포함하지 않는다.

일반적인 세대를 건너뛴 상속에 대한 할증과세가 모두 적용되는 것은 아니다. 대습상속의 경우에는 할증과세를 적용하지 않는다. 대습상속이란, 상속인이 피상속인의 사망 전 사망하거나 상속결격자가 된 경우 그 상속인의 직계비속이나 배우자가 대신하여 상속 받는 것을 말한다. 즉, 할아버지 사망 전에 아버지가 사망하여 손자가 아버지를 대신하여 상속 받는 것을 말한다.

대습상속이 이루어지는 경우 손자녀가 아버지를 대신하여 상속인의 지위에 있는 것이므로 이때는 상속인의 권리인 유류분반환 청구도 가능하다.

💡 특별수익

특별수익의 경우 상속재산분할이나 유류분반환청구 사건에서 손자녀의 상속분을 산정하는 데 있어서 상속분의 선급으로 인정되므로 손자녀에게 유류분반환청구 시 불리하다.

부모님이 살아 계실 적에 손자녀가 조부모로부터 재산을 직접 증여 받은 부분이 있는 재산은 특별수익에 해당하지 않지만, ① 부모님(피대습자)이 살아 계실 적에 조부모(피상속인)로부터 재산을 증여 받은 부분이 있거나 ② 부모님이 사망하신 후에 손자녀(대습상속인)가 조부모님으로부터 직접 재산을 증여 받은 부분이 있는 경우 해당 재산은 모두 손자녀(혹은 배우자)의 특별수익에 포함된다.

사망하신 아버지의 세금과 공과금을 납부하면 공
제될까?

....

#공과금 #전기세 #부가가치세 #종합소득세 #취득세

아버지께서 식당을 운영하시다가 6월에 갑작스럽게 사망하셨습니다. 식당의
공과금인 전기세 및 수도료 1백만 원을 제가 납부했습니다. 아버지의 부고를
들으신 담당 세무사님께서 부가가치세 신고와 종합소득세 신고를 해야 한다
는데 예상되는 부가가치세와 종합소득세 금액은 각각 3백만 원과 7백만 원
이라고 합니다. 그리고 식당을 물려받으면서 취득세 2백만 원을 납부하였습
니다. 전부다 상속세에서 공제받을 수 있는 건가요?

A 생전에 아버지가 식당을 운영하면서 사망일 이전에 발생한 전기료 및
수도료, 부가가치세 및 종합소득세 등 아버지(피상속인)가 납부했어야
하는 금액을 자식(상속인)이 대신 부담하는 경우에는 상속재산가액에
서 공제하고 있습니다. 해당 사례의 경우, 상속재산가액에서 공제 가능
한 금액은 전기세 및 수도료 1백만 원, 부가가치세 3백만 원과 종합소득
세 7백만 원으로 총 1,100만 원 공제가 가능합니다.
단, 상속 받은 식당건물의 취등록세는 아버지가 부담하여야 하는 공과
금이 아니므로 상속재산가액에서 공제가 불가능합니다.

상속재산가액에서 공제 여부는 상속개시일 현재 피상속인이 납부할 의무가 있는지로 판단한다. 따라서 상속개시일 이후에 발생한 공과금 등에 대해서는 공제되지 않는다.

상속재산가액에서 차감하는 공과금	상속재산가액에서 차감하지 않는 공과금
· 상속개시일 전에 발생한 피상속인에 대한 종합소득세 및 부가가치세 · 상속개시일 전에 양도되었으나 납부하지 않은 양도세	· 상속등기에 따른 취등록세 · 상속개시일 이후 상속인의 귀책사유로 발생하는 각종 벌과금, 과태료 등

아버지의 대출과 임대보증금!
나쁜 것만은 아니다

#채무 #빚 #주택담보대출 #임대보증금 #은행대출

생전에 아버지가 아파트를 구매하시면서 은행에서 빌린 주택담보대출 3억 원과 상가의 임대보증금이 5억 원이 있는 상황입니다. 이러한 경우에는 상속 세에서 어떻게 반영되나요?

Ⓐ 아버지의 상속재산에서 주택담보대출 3억 원과 임대보증금 5억 원은 차감하여 총 8억 원이 상속재산에서 차감됩니다.

흔히들 자산만 상속된다고 생각하지만 채무도 함께 상속된다. 그러므로 상속세는 자산에서 채무를 차감한 순자산가액으로 계산된다. 그러므로 공제되는 채무를 알고 그에 따른 증빙을 잘 챙긴다면 상속세를 줄일 수 있다.

공제되는 채무란 상속개시일 현재 피상속인이 부담해야 하는 것으로 공과금 이외의 모든 채무를 말한다. 여기에서 중요한 것은 상속개시일까지 해당 채무가 확정된 것이어야 하며, 실제로 상속인이 부담해야 한다는 것이다.

그렇다면 그에 따른 증빙은 어떤 것들이 있을까?

국가, 지차체 및 금융기관 등에 대한 채무는 각종 증명서류로 채무의 존재 여부를 확인할 수 있지만, 사인 간의 거래관계에서 발생하는 채무는 사실관계 및 입증서류를 통해서 채무로서 증명이 가능하게 된다. 예를 들면 차용증, 채무부담계약서, 담보설정 및 이자지급에 관한 증빙 등의 서류가 있다.

장례비용 꼼꼼하게 챙겨 최대로 공제받자!

....

#장례식장 #묘지 #납골당 #49재

한 달 전에 어머니가 사망하여 장례식장비용 300만 원, 봉안시설비용 700만 원을 지불하였습니다. 조의금으로 위의 비용을 지불하고 1,000만 원이 남게 되었습니다. 장례비용으로 얼마나 공제가 가능하고 조의금도 상속세를 내야 하나요?

A 장례비용은 증빙이 없더라도 500만 원은 공제되므로 사례에서와 같이 장례비용이 300만 원이어도 500만 원이 공제됩니다. 또한 봉안시설비용은 최대 500만 원까지 상속공제가 되므로 총 1,000만 원이 공제됩니다.

또한 조의금은 피상속인의 금전으로 보지 않아 상속재산으로 보지 않고, 상속인이 조문객으로부터 받은 증여재산이라 판단하여 사회통념상 합당한 금액이라면 상속인의 증여재산가액으로 보지 않습니다.

우리나라는 장례절차에는 여러 가지 형태가 있다. 그렇다면 어떤 장례비용이 공제될까?

공제되는 장례비용은 피상속인의 상속개시일부터 장례일까지 소요된 비용으로써 일반장례비용과 봉안시설 등 비용으로 구분된다. 따라서 49재는 장례일까지 소요된 비용이 아니므로 공제되지 않는다.

상속세에서 장례식 등에 소요된 제반비용 중에서 일반장례비용은 500만 원의 비용이 없더라도 기본적으로 500만 원부터 최대 1천만 원까지 공제되는 반면에 봉안시설 등에 소요된 금액은 최대 500만 원까지 공제된다.

재산을 미리 증여하는 것 vs 추후 상속하는 것

#사전증여 #10년 이내 합산

70세의 아버님이 주변지인들로부터 재산을 미리 증여하는 게 추후에 상속하는 것보다 세금이 적다는 이야기를 듣고 미리 증여를 해야 하는지 고민을 하고 있습니다. 상속이 발생하기 전에 사전에 증여를 하는 게 유리할까요, 아니면 재산을 그대로 두었다가 상속하는 게 유리할까요?

Ⓐ 정답은 '알 수 없다'입니다. 상속과 증여의 케이스는 각각의 상황별로 다양하기 때문에 단순비교는 어렵습니다.

상속세와 증여세는 누가, 언제, 어떻게, 얼마의 금액을 상속증여 받느냐에 따라 달라지기 때문에 단순하게 계산되는 것이 아니다. 하지만 기본적인 구조를 이해하게 된다면 의사결정에 도움이 될 수 있으니 사례를 가지고 비교해 보고자 한다.

총 재산 20억 원을 보유한 아버지가 사전증여를 한 경우와 사전증여를 하지 않은 경우의 세금 차이는 다음과 같다.[18]

〈사전증여 없이 사망한 경우〉

증여세		상속세	
증여재산가액	-	상속재산가액	2,000,000,000
증여재산공제	-	상속공제	1,000,000,000
과세표준	-	과세표준	1,000,000,000
세율	0%	세율	30%
산출세액	-	산출세액	240,000,000
증여세	-	상속세	240,000,000
총 부담세액			240,000,000

20억 원의 재산을 가진 아버지가 사전증여를 하지 않고 사망 후에 발생하는 상속세액은 2억 4천만 원이다.

---

18) 상속공제액 10억 원(상속인은 배우자와 아들 한명), 신고세액공제는 없다고 가정한다.

〈증여일부터 10년 이후에 사망한 경우〉

증여세		상속세	
증여재산가액	500,000,000	상속재산가액	1,500,000,000
증여재산공제	50,000,000	상속공제	1,000,000,000
과세표준	450,000,000	과세표준	500,000,000
세율	20%	세율	20%
산출세액	80,000,000	산출세액	90,000,000
증여세	80,000,000	증여세액공제	0
		상속세	90,000,000
총부담세액			170,000,000

　아들에게 5억 원을 증여하고 10년 이후에 아버지가 사망한다면 사전에 증여한 5억 원은 상속재산가액에 포함되지 않으므로　상속세는 9천만 원이고 이로 인해 총부담세액은 1억 7천만 원이 된다.

〈증여일부터 10년 이내에 사망한 경우〉

증여세		상속세[19]	
증여재산가액	500,000,000	상속재산가액	2,000,000,000[20]
증여재산공제	50,000,000	상속공제	550,000,000
과세표준	450,000,000	과세표준	1,450,000,000
세율	20%	세율	40%
산출세액	80,000,000	산출세액	420,000,000
증여세	80,000,000	증여세액공제	80,000,000
		상속세	340,000,000
총부담세액			420,000,000

---

19) 사전증여재산 5억 원을 합한 금액.
20) 10년 이내 사전증여한 증여세과세표준을 상속공제금액에서 차감한다.

아들에게 5억 원을 증여하고 10년 이내에 아버지가 사망한다면 사전에 증여한 5억 원이 상속재산가액에 포함된다. 이 경우에는 사전에 증여된 증여세과세표준을 상속공제 금액에서 차감되므로 상속공제금액이 10억 원이 아닌 5억 5천만 원으로 줄어든다. 따라서 상속세는 3억 4천만 원이고 이로 인한 총부담세액은 4억 2천만 원이 된다.

〈최종부담세액 비교〉

구분	사전증여가 없는 경우	사전증여가 있는 경우	
		10년 이후 사망	10년 이내 사망
증여세	0원	8천만 원	8천만 원
상속세	2억 4천만 원	9천만 원	3억 4천만 원
최종부담세액	2억 4천만 원	1억 7천만 원	4억 2천만 원

위의 사례에서 확인할 수 있듯이 20억 원가량의 자산을 아들이 물려받는 때 증여 시점에 따라 총부담세액이 달라진다. 절세를 위해 사전증여를 했다가 오히려 안 내도 될 세금을 내게 될 수가 있다.

피상속인의 사전증여계획에 따라 최종부담세액이 달라지는 만큼 증여 시기를 결정하는 것이 중요할 수 있다. 하지만, 지금까지의 분석은 최종부담세액의 내용이고 그 외적으로 증여재산의 가치상승이 예견된 부동산이거나 주식인 경우에는 사전증여재산의 최종부담세액의 차액보다 더 큰 가치의 상승을 상속인에게 미리 증여할 수 있기에 전문가와의 상담이 필요한 부분이다.

아들아, 아빠 돈으로 사업 한번 해볼래?

#창업 #지름길 #초기투자금 #창업자금증여세과세특례

현재 하는 일 없이 취업도 되지 않는 취준생입니다. 취업은 아무래도 저랑 안 맞는 거 같아 사업을 해 보려고 했더니 아버지께서 흔쾌히 도움을 주신다고 합니다. 10억 원 정도 지원해 주실 예정인데 이럴 경우, 증여세가 많이 나올까요?

Ⓐ 창업자금 증여특례 요건을 충족하면 증여금액 5억 원까지는 증여세가 과세되지 않습니다. 일반증여의 경우, 10억 원을 증여 받는다면 2억 2천만 원의 증여세를 납부하고 남은 7억 8천만 원으로 사업을 시작해야 되지만 창업자금 증여특례를 받게 되면 증여 시점에 증여세를 5천만 원만 부담하므로 약 1억 7천만 원을 사업자금으로 활용할 수 있습니다.

구분	일반증여	창업자금 증여특례
증여재산가액	1,000,000,000	1,000,000,000
증여재산공제	50,000,000	500,000,000
과세표준	950,000,000	500,000,000
세율	30%	10%
산출세액	225,000,000	50,000,000
신고세액공제	6,750,000	0[21]
납부세액	218,250,000	50,000,000
세 부담 차이		**168,350,000**

　요즘 청년들 사이에서 스스로 창업을 준비하여 자신만의 사업을 시작하는 비율이 증가하고 있다. 대학 졸업 후 전공분야를 살린 창업이거나 오래전부터 꿈꿔 왔던 분야로의 창업이 되기도 한다. 청년들이 창업을 시작하기 위해서 필요한 중요한 요소 중 한 가지는 초기투자금이다. 수십억 원의 재산을 가진 부모의 입장에서 자녀들에게 필요한 창업자금을 지원하여 지름길로 가도록 도와주고 싶으나 주변에서 증여에 따른 세금문제가 발생할 수 있다는 이야기를 듣고 창업자금 증여를 망설이게 된다. 이러한 부분을 해소하기 위한 방법으로 창업자금 증여특례라는 제도가 있다.

　창업자금 증여특례란, 자녀가 60세 이상의 부모로부터 창업자금을 현금[22]으로 증여 받은 경우에 5억 원까지는 증여세를 과세하지 않는 제도이다. 이렇게 받은 창업자금은 2년 이내 사업자등록을 해야 하며 4년 이내

---

21) 창업자금 증여세특례에서 신고세액공제는 없다.
22) 현금, 채권, 상장주식 중 소액주주분 등의 현금성 재산을 말한다.

해당 자금을 사업에 사용해야 한다. 그렇지 않은 경우엔 감면받은 증여세를 추징당할 수 있다.

또한 모든 업종이 해당되는 것은 아니다.

그러므로 특례적용이 가능한 업종의 창업에 해당하는지 확인 후 사업자등록을 하는 것이 중요하다. 특례적용 가능한 업종에는 제조업, 건설업, 통신판매업, 물류산업, 음식점업, 정보통신업, 금융서비스업, 사회복지사업, 전문 과학 및 기술 서비스업, 예술, 스포츠 및 여가 관련 사업, 관광객 이용시설업 등이 있다.

음식점이 가능하다면 커피숍도 가능할까?

여기서 커피숍은 음식점업에 해당하지만 한국표준산업분류상 주점 및 비알콜음료점업이라 적용대상이 아니다. 이렇듯 창업 업종에 대해서는 우리가 알고 있는 것과 실제 적용되는 것에 차이가 있을 수 있으니 꼭 전문가와 상담 후 적용 여부를 판단하여 진행하시길 바란다.

아들아, 네가 이 사업은 꼭 물려받았으면 하는구나

#가업승계 #100년기업 #3대전통 #가업승계증여세과세특례

제 나이가 65세라 30년간 영위해 온 가업을 이제 은퇴하려 합니다. 3대째 이어 온 가업이기도 하고 아들도 이 일에 흥미가 있어 물려주고 싶습니다. 그런데 그냥 증여하기엔 세금이 많이 나온다고 하는데 좋은 방법이 없을까요? 참고로 제 아들은 35살 백수입니다.

A 10년 이상 영위해 온 가업을 60세 이상의 부모가 18세 이상의 자녀에게 증여하는 경우에는 가업승계증여세과세특례를 적용할 수 있습니다. 이 경우에는 10억 원까지는 증여세가 발생하지 않고, 초과분에 대해서는 증여세를 10%의 낮을 세율을 적용하여 가업승계를 할 수 있습니다.

가업승계증여세과세특례란 60세 이상의 부모가 10년간 최대주주로서 가업을 계속 경영하여야 하며 40%(상장법인 20%) 이상 지분을 유지해야 한다. 또한 18세 이상의 자녀가 증여세 신고기한까지 가업에 종사하여야 하며 증여일부터 3년 이내에 대표이사로 취임하여야 한다.

그럼 40억 원을 자녀에게 일반증여할 때와 가업승계증여특례를 적용한 경우를 비교해 보자.

구분	일반증여	가업승계증여특례
증여재산가액	4,000,000,000	4,000,000,000
증여재산공제	50,000,000	1,000,000,000
과세표준	3,950,000,000	3,000,000,000
세율	40%	10%
산출세액	1,420,000,000	300,000,000
신고세액공제	42,600,000	-
납부세액	1,377,400,000	300,000,000
납부세액차이		1,077,400,000

자녀에게 40억 원을 똑같이 증여하지만 일반적인 증여와 가업승계증여특례를 적용한 경우 증여세를 약 10억 원 이상 절세할 수 있다.

창업자금 증여특례와 마찬가지로 증여 시점에 저율(10%)로 과세한 후 상속이 되면 증여 시기와 상관없이 상속재산에 포함하여 정산한다. 그렇다면 상속 시에 정산되는데 미리 증여할 필요가 있을까?

주식가치 상승이 예상되는 기업의 경우, 증여 시점의 기업가치로 정산되므로 가업상속 증여특례가 유리하다.

다음의 사례로 확인해 보자.

증여 당시 주식가치는 200억 원이고, 15년 뒤 상속개시일 당시 기업가치 상승으로 주식가치는 600억 원이라고 가정해 보자. (가업주식 외 다른 재산은 없으며, 일괄공제만 적용하고 가업상속공제 적용 시 상속공제한도는 300억 원이다.)

1) 가업승계증여세과세특례 적용 시

구분	가업승계증여특례
증여재산가액	200억 원
증여공제	10억 원
과세표준	190억 원
세율	10%(60억 초과분은 20%)
산출세액	32억 원
신고세액공제	-
납부세액	32억 원

2) 상속정산 시 상속세 비교

구분	가업승계증여특례 미적용 시	가업승계증여특례 적용 시
증여특례자산	-	200억 원
총상속재산	600억 원	200억 원
일괄공제	5억 원	5억 원
가업상속공제	300억 원	195억 원
과세표준	295억 원	-
세율	50%	50%
산출세액	142.9억 원	-
증여세액공제	-	32억 원

신고세액공제	4.2억 원[23]	-
납부세액	138.7억 원	-
총부담세액 (증여세 + 상속세)	138.7억 원	32억 원

위의 표에서 보는 것과 같이 가업상속공제만 적용한 경우에는 상속세가 138.7억 원이지만 사전에 가업승계증여특례를 적용받는 경우에는 상속세는 발생하지 않고 가업승계증여 시에 발생한 증여세 32억 원만 부담하면 된다. 다시 말해 32억 원으로 600억 원짜리 가업을 물려받을 수 있는 것이다.

따라서 기업가치가 많이 증가하는 기업이 가업승계증여특례를 적용한다면 더 큰 절세 효과를 볼 수 있다.

---

23) (142.9억 원 - 0원) × 3% ≒ 4.2억 원

Q 음식점도 가업상속공제가 가능할까?

#가업상속공제

부모님께서 10년 동안 순댓국집을 경영하시다 어머님은 작년에 사망하시고 아버님 혼자 운영하시다가 올해 사망하셨습니다. 아들인 저는 어머님이 사망하시고 나서는 아버님과 함께 순댓국집을 운영하였습니다. 아버지의 상속재산은 순댓국집 윗층에 주택과 1층의 순댓국집이 있는 건물 외에는 다른 재산은 없습니다. 해당 건물의 시가는 약 15억 원 정도 한다고 합니다. 저도 부모님의 뜻을 이어받아 해당 순댓국집을 운영하려고 하는데 이 건물에 대한 상속세가 약 4억 원 정도 나온다고 하는데 가업상속공제를 적용받으면 상속세를 안 내도 되는 걸까요?

A 가업상속공제를 받기 위해서는 몇 가지 요건을 충족해야 하며 요건을 충족한 경우에는 가업상속재산가액에 상당하는 금액을 상속세과세가액에서 공제하므로 상속세 부담을 현저히 낮출 수 있습니다.

구분	가업상속공제를 적용 받았을 때	가업상속공제를 적용 받지 않았을 때
주택부분시가	200,000,000	200,000,000
건물부분시가	1,300,000,000	1,300,000,000
총상속재산	1,500,000,000	1,500,000,000
가업상속공제[24]	1,300,000,000	0
과세표준	200,000,000	1,500,000,000
	20%	40%
산출세액	30,000,000	440,000,000
절세액		**310,000,000**

사례의 경우에는 2층에 주택은 사업용 자산이 아니므로 해당 주택에 대한 가액은 가업상속공제 대상에서는 제외되고 1층 부분에 대해서만 가업상속공제를 받을 수 있습니다. 주택 부분의 시가가 상가 부분의 시가보다 현저히 낮은 것을 고려했을 때 가업상속공제를 받음으로써 약 3억 원의 절세효과를 볼 수 있습니다.

---

24) 기타 다른 공제는 없다고 가정한다.

가업상속공제제도란 피상속인이 생전에 10년 이상 영위한 사업을 상속 개시 전에 가업에 종사하던 자녀가 해당 가업을 승계하여 계속 영위할 수 있도록 지원하는 제도이다. 이때 가업의 상속에 해당하는 경우에는 가업 상속재산가액에 상당하는 금액(최대 600억 원)을 상속세과세가액에서 공제한다.

　개인사업자일 때의 사업용 자산으로 적용되는 범위보다는 법인의 주식 평가 시 적용되는 자산의 범위가 증가되므로 상속이 개시되기 전에 법인으로 전환하는 것이 유리하다.

○ 2023 가업 관련 주요 세법개정 내용

구분	기업상속공제		가업승계증여세과세특례
적용대상 확대	중소기업 및 중견기업(매출액 4천억 원 → **5천억 원 미만**		
공제(적용)한도 증가	가업영위기간		공제(적용)한도
	10년 이상~20년 미만		200억 원 → **300억 원**
	20년 이상~30년 미만		300억 원 → **400억 원**
	30년 이상		500억 원 → **600억 원**
피상속인(수증자) 지분요건 완화	최대주주 & 지분 50% → **40% 이상**		
	(상장법인 30% → **20% 이상**) 10년 이상 보유		
사후관리 기간 단축	7년 → **5년**		
사후관리 요건 완화	(고용유지) 정규직 근로자 수 또는 총급여액 매년 80% 이상 & 7년 통산 100% 이상 → **5년 통산 90% 이상** 유지 (자산유지) 가업용 자산의 20% (5년 이내 10%) → **40% 이상** 처분제한		(대표취임) 5년 → **3년** (대표유지) 7년 → **5년**

연부연납 기간확대	가업상속재산 비율에 따라 10년 또는 20년 → **모두 20년**	5년(현행유지)
납부유예제도 신설	중소기업의 가업재산을 양도 · 상속 · 증여하는 시점까지 상속(증여)세의 납부를 유예	

💡 상속공제

상속세를 신고할 때 잘 알아두면 상속세를 절세할 수 있는 다음과 같은 상속공제가 있다.

구분		공제금액	비고
기초공제 및 인적공제	기초공제	2억 원	
	자녀공제	1인당 5천만 원	
	미성년자공제	19세까지 연수 × 1천만 원	
	연로자공제	1인당(65세 이상) × 5천만 원	
	장애인공제	장애인의 기대 여명 × 1천만 원	
일괄공제		5억 원	기초공제등과 선택적용
가업상속공제		가업상속재산가액 × 100%	
영농상속공제			30억 원
배우자 상속공제	5억 원 이상인 경우		30억 원
	5억 원 미만인 경우	5억 원	
금융재산 상속공제	2천만 원 이하	순금융재산의 가액	
	2천만 원 초과	MAX(20%, 2천만 원)	2억 원
재해손실공제		재해손실가액 - 보험금 등 수령액	
동거주택상속공제		상속주택가액 × 100%	6억 원
감정평가수수료공제			

무조건 배우자가 많이 상속 받는 게 유리하다?

#배우자상속공제 #협의분할 #법정상속분 #배우자상속공제한도

남편의 상속재산은 40억 원 상당의 상가건물과 5억 원 정도의 금융재산입니다. 상속인은 저와 아들입니다. 제가 얼마나 재산을 상속 받느냐에 따라 상속세가 달라진다고 하던데 제가 많이 받을수록 상속세가 줄어드는 건지 궁금합니다.

A 해당 사례에서의 가장 중요한 포인트는 배우자상속공제를 극대화하여 상속세를 절세하는 것입니다. 배우자상속공제란 기본적으로 피상속인의 배우자가 살아 있으면 최소 5억 원은 공제받을 수 있는 것을 말합니다. 이 말은 실제 상속 받은 금액이 없거나 상속 받은 금액이 5억 원 이하인 경우에도 5억 원을 공제해 주는 것입니다. 또한 배우자의 상속분에 따라 상속공제액이 달라지므로 재산분할과정에서 이를 활용하는 것이 중요합니다.

만약 위의 사례에서 총 45억 원 중 30억 원을 배우자가 상속 받는다고 해도 30억 원을 공제받을 수 있는 것은 아니다. 왜냐하면 배우자의 법정상속분 가액이라는 한도가 있기 때문이다. 즉, 배우자의 법정상속지분이 1.5/2.5이기 때문에 배우자의 법정상속한도는 27억 원이다. 따라서 이는 배우자가 30억 원을 받더라도 법정상속분만큼까지만 공제받을 수 있다는 의미이다.

〈배우자상속금액에 따른 상속공제액 비교〉

구분	배우자 단독상속	법정상속분대로 분할	동등하게 1/2씩 나누는 경우	아들 단독상속
실제상속 받은 금액	45억 원	27억 원	22.5억 원	0
배우자 법정상속분	27억 원	27억 원	27억 원	5억 원
최대한도	30억 원	30억 원	30억 원	5억 원
배우자상속 공제액	27억 원	27억 원	22.5억 원	5억 원
상속재산가액	45억 원	45억 원	45억 원	45억 원
일괄공제	5억 원	5억 원	5억 원	5억 원
배우자상속 공제	27억 원	27억 원	22.5억 원	5억 원
금융재산상속 공제	1억 원	1억 원	1억 원	1억 원
과세표준	12억 원	12억 원	16.5억 원	34억 원
세율	40%	40%	40%	50%
산출세액	3.2억 원	3.2억 원	5억 원	12.4억 원
신고세액공제	0.096억 원	0.096억 원	0.15억 원	0.372억 원
납부할 세액	3.04억 원	3.04억 원	4.75억 원	11.78억 원

위의 사례에서 보면 같은 상속재산일지라도 배우자에게 실제로 분배하는 금액이 얼마인지에 따라 상속공제금액이 달라지며 이에 따라 납부하게 될 상속세액이 304,000,000~1,178,000,000원 사이에서 결정된다. 어떻게 상속재산을 분할하느냐에 따라 약 9억 원의 절세 효과가 발생할 수도 있는 것이다.

해당 사례에서는 배우자는 27억 원 이상 상속재산을 받을 필요가 없다. 계산해 보면 단독상속과 법정지분상속의 상속세 부담은 같으나 추후 자녀에게 배우자분이 다시 상속할 것을 생각한다면 굳이 더 많은 상속재산을 배우자가 받을 필요는 없기 때문이다.

결론적으로 최대한도인 30억 원 범위 내에서 배우자의 법정상속분이 얼마인지를 계산하고 그 금액까지 배우자가 실제로 상속 받는다면, 배우자상속공제를 통해 최대의 절세효과를 기대할 수 있다.

💡 배우자상속공제를 위한 재산분할과 신고기한

〈원칙적인 분할 및 신고기한〉

배우자상속공제를 받기 위해서는 반드시 상속재산을 분할등기를 해야 한다.

배우자가 실제 상속 받은 금액에 따라 계산하는 배우자상속공제는 「상속세 및 증여세법」 제67조(상속세과세표준 신고)에 따른 상속세과세표준 신고기한의 다음 날부터 9개월이 되는 날까지 배우자의 상속재산을 분할한 경우에 적용한다. 신고기한의 다음날부터 9개월이 되는 날은 배우자상속재산분할기한이라고 한다. 상속재산을 분할함에 있어 등기·등록·명의개서를 요하는 재산의 경우는 배우자상속재산분할기한까지 등기·등록·명의개서가 되어야 한다.

이 경우에 상속인은 상속재산의 분할 사실을 배우자상속재산분할기한까지 납세지 관할 세무서장에게 신고해야 한다.

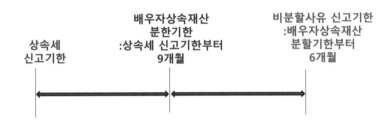

상속세! 어머니가 내주셔도 되는 걸까?

#연대납세의무 #상속세납부

상속재산을 나눌 때 예금만 어머님이 갖고 부동산은 자녀 둘이 나눠 받았습니다. 부동산을 받다 보니 자녀들의 상속세 부담분이 많이 높아졌는데요. 예금과 부동산을 어떻게 상속 받느냐에 따라 절세할 수 있는 방법이 있는지 궁금합니다.

A 일반적으로 금융재산인 예금을 어머님이 받고 부동산은 자녀들이 받는 것이 유리합니다.

상속세는 총상속재산에 대해 상속세를 계산하고 상속 받은 재산에 따라 인별로 상속세가 부담되는 형태이다. 따라서 상속을 많은 받은 사람의 상속세가 많이 발생하는 것이 맞지만 상속세는 연대납세의무가 있으므로 배우자가 받은 상속재산의 한도 내에서 상속세를 납부할 수 있다. 이때 자녀가 납부해야 할 상속세를 어머니가 부담했다고 해서 그 부담분에 대해서는 증여세가 과세되지 않는다. 이러한 연대납세의무를 활용한다면 상속세를 어머니가 전부 납부하여 실제 자녀의 상속세 부담분만큼은 증여세 없이 증여가 가능하게 되는 셈이다.

또한 상속세 외의 세금적 효과를 봤을 때 부동산은 취득세가 발생하므로 배우자가 상속 받은 경우, 자녀에게 재상속될 때 또 한 번의 취득세를 부담해야 한다는 단점이 있으므로 등기를 요하는 부동산의 경우에는 자녀에게 상속하는 것이 유리하다고 볼 수 있다.

그리고 추후에 어머님의 상속까지 고려한다면 부동산의 경우에는 가치가 오른다는 걸 가정하면 또 한 번의 상속세 부담이 발생할 수 있지만 예금의 경우에는 어머님이 사용하시게 되면 추후 상속재산이 감소되는 효과가 있다.

아버지가 평생 농사짓던 땅을 상속 받았는데⋯?

#농지상속 #영농상속공제

아버지께서 12년 동안 벼농사를 지으시다가 사망하셨습니다. 아버지의 상속 재산은 농사를 짓던 토지(기준시가 7억 원), 금융재산 1억 원이 전부입니다. 저도 아버님을 따라 농사를 짓기 위해 귀농하였는데 상속세 금액이 상당하다고 해서 걱정입니다. 농사지은 땅을 상속 받은 경우, 공제되는 게 있다는데 어떤 건가요?

A 피상속인이 사망 전에 12년 동안 농사를 지으시고, 해당 농지를 영농자 녀에게 상속되어 자녀가 해당 농지에 농사를 짓는 경우에는 해당 토지 는 영농상속공제를 적용받으실 수 있습니다.

해당 사례에서 영농상속공제의 요건을 충족한다면 상속재산에서 토지 의 가액은 공제되고 금융재산 1억 원만 상속재산이 되기 때문에 발생하 는 세금은 없습니다.

이와 같이 토지의 가액이 영농상속공제 최대한도인 30억 원 이내라면 상속세는 발생하지 않으므로 기준시가로 상속 받는 것보다는 감정평가를 받아 토지의 취득가액을 높여 취득하는 것이 추후 토지를 양도했을 때 양도소득세도 절세할 수 있다.

소중한 땅을 상속 받았지만 세금 때문에 고민이라면, 영농상속공제를 활용해 보자. 영농상속공제란 피상속인이 사망 전 10년 이상 직접 영농에 종사한 농민으로서 농지소재지 또는 인근에 거주하면서 소유한 농지 중 2년 이상 재촌&자경한 농지를 영농에 종사한 자녀(18세 이상으로서 부모 사망 전 2년 이상 재촌)가 상속 받는 경우, 30억 원을 한도로 상속재산에서 공제해 주는 제도이다. 이러한 혜택을 받고 5년 이내 정당한 사유 없이 공제 대상 농지를 처분하거나 영농에 종사하지 않은 경우에는 받은 혜택(상속세)과 이자 상당액을 추징당한다.

이 때 주의해야 할 점은 영농에 종사한 피상속인과 상속인[25]은 총급여액이 3,700만 원 이상 되는 연도는 자경하지 않은 것으로 간주하므로 소득금액에 유의해야 한다.

---

25) 사업소득이 있는 경우, 근로소득금액과 사업소득금액을 합산하여 3,700만 원 판단, 근로소득만 있는 경우, 총급여액으로 판단.

아버지의 자경감면공제! 내가 받을 수 있을까?

#자경감면 #자경감면기간승계

아버님께서 평생 농사짓던 토지를 상속 받았습니다. 저는 농사를 지은 적도 없고 그 근처에 거주한 적도 없습니다. 아버님이 생전에 이 토지를 양도했다면 자경감면을 받을 수 있는 걸로 알고 있습니다. 그렇다면 제가 이 토지를 양도할 때 아버님이 못 받으신 자경감면을 받을 수 있나요?

A 8년 이상 재촌자경한 토지를 양도할 때 1년에 1억 원, 5년간 2억 원의 양도소득세를 감면받을 수 있는 것을 자경감면이라고 합니다. 만약 자경감면요건을 충족한 피상속인의 토지를 상속 받은 경우, 상속개시일 이후 3년 이내 양도 시에는 상속인이 자경요건을 충족하지 않아도 자경감면을 받을 수 있습니다.

자경감면은 특정 기간 동안 땅을 재촌하여 경작한 경우에 적용되는 양도소득세 감면제도이다. 이에 대한 자세한 설명은 다음과 같다.

· 재촌자경 기간 내 양도(3년 이내) :
  - 상속 받은 토지가 아버님께서 8년 이상 재촌자경한 토지인 경우, 상속인은 상속개시일 이후 3년 이내에 해당 토지를 양도할 때, 자경감면을 받을 수 있다.
  - 자경감면은 1년에 1억 원, 5년간 총 2억 원을 한도로 한다.

· 재촌자경 기간 완료 후 양도(3년 이후) :
  - 상속개시일로부터 3년이 지난 이후에 양도하고자 하는 경우, 상속인은 자경감면을 받기 위해 1년 이상 재촌자경한 기간과 상속인이 8년 이상 재촌자경한 기간을 합산하여야 한다.
  - 이 경우에도 자경감면은 1년에 1억 원, 5년간 총 2억 원으로 적용된다.

자경농지 감면을 받기 위해서는 재촌자경 기간과 상속인이 개별적으로 자경한 기간을 합하여 일정 기간 이상을 충족해야 한다. 양도 전에 정확한 감면 여부를 확인하기 위해 전문가의 상담을 받는 것이 좋다.

어머니가 사망하시기 전에 상가를 파는 게 좋을까?

#금융재산상속공제 #상가양도시점

어머니가 상가를 갖고 계신데 지금 현재 위독한 상태입니다. 현재 이 상가의 시세는 6억 원입니다. 이 상가를 양도할 예정이긴 한데 어머니 사망 전에 양도하는 게 나은 건지, 아니면 사망 후에 양도하는 게 나은 건지 궁금합니다.

Ⓐ 상가를 양도할 계획이 있다면 상속세 측면에서는 사망 전에 양도하시는 게 유리합니다.

해당 상가를 상속 전에 양도함으로써 받은 대가가 통장에 남아 있다면 해당 예금은 금융재산상속공제(1.2억)를 추가적으로 적용받으실 수 있으시기 때문입니다. 또한 받은 양도대가에서 양도소득세 및 병원비, 장례비용을 사용하게 되면 총상속재산도 줄어드는 효과를 볼 수 있습니다.

부모님이 위독하신 경우, 갖고 있는 부동산을 사망 전에 양도 할지 사망 후에 양도하는 게 나은지 고민하시는 분들이 상당히 많다. 이 부분은 어떤 게 유리하다고 답을 내릴 수 없다. 왜냐하면 고려해야 될 사항들이 사례마다 다 다르기 때문이다.

　현재 제시된 내용을 바탕으로 다시 요약해 보자.

고려사항	사망 전 양도	사망 후 양도
양도소득세	피상속인이 양도소득세를 부담하며, 양도세는 상속재산에서 차감됨	상속인이 부담하는 상속세는 커질 수 있으나, 양도소득세는 발생하지 않을 수 있음
금융재산공제	양도대가를 통장에 보유할 경우 상속세 신고 시 순금융재산의 20%를 공제받을 수 있음	해당 사항 없음
취득세	해당 사항 없음	약 3.16%의 취득세가 발생함

　첫 번째로 피상속인이 사망 전에 양도했을 때와 상속인이 양도했을 때 발생하는 양도소득세를 비교해 보자.

　이 때는 피상속인이 양도소득세를 부담하게 되므로 상속재산에서 양도소득세가 차감된다는 장점이 있지만 아무래도 피상속인의 취득가가 낮을 것이므로 양도소득세는 후자의 경우보다 많을 것이다. 후자의 경우에는 상속세 신고기한 내에 양도되는 경우, 양도소득세는 발생하지 않을 수 있다.

　두 번째는 금융재산상속공제 적용여부를 확인해 보자. 금융재산상속공제란 순금융재산의 20%(한도 2억 원)를 상속재산에서 공제해 주는 것을 말한다. 이는 상속재산 중 부동산 등은 보통 평가금액이 시가에 미치지 못하는데 반해 금융재산은 100% 평가되기 때문에 자산간 평가의 불균형을 해소하기 위해 금융재산이 상속재산인 경우, 다음의 표에 나와 있는 것처럼 상속재산에서 공제해 주는 것이다.

순금융재산가액	금융재산상속공제액
20,000,000원 이하	순금융재산의 가액 전액
20,000,000원 초과 100,000,000원 이하	20,000,000원
100,000,000원 초과 1,000,000,000원 이하	순금융재산의 가액 × 20%
1,000,000,000원 초과	한도 200,000,000원

부동산으로 갖고 계시다 상속이 되면 금융재산상속공제는 받을 수 없지만 양도 후 양도대가를 통장에 보유하신 채로 상속이 진행되면 순금융재산의 20%(한도 2억 원)를 상속재산에서 공제받을 수 있다.

세 번째는 상속인들이 부담할 취득세를 확인해 보자. 사망 전에 양도를 하는 경우에는 상속인들의 취득세가 발생하지 않지만 사망 후에 양도를 하는 경우에는 상속인들에게는 약 3.16%의 취득세가 발생한다.

해당 사례에서 좀 더 살펴보면 어머님이 1세대 1주택자시면 1세대 1주택비과세 혜택을 받아 양도소득세가 나오지 않으므로 절세효과의 극대화를 볼 수 있다. 하지만 어머님의 취득가가 매우 낮아 양도소득세가 매우 많이 나오는 상황이라면 상속세 부담과 양도소득세 부담을 잘 비교하여 검토한 후 의사결정을 해야 한다.

이처럼 상황에 따라 양도 시점과 관련된 세금 부담, 금융재산상속공제, 취득세 등을 고려해 결정하는 것이 중요하다. 따라서 정확한 판단을 위해 전문가와 상담하는 것이 바람직하다.

무주택자만 동거주택상속공제가 가능한가요??

#동거주택상속공제 #공동명의

저는 어머님을 12년째 모시고 살고 있으나 현재 주택이 없는 상태이고, 친구는 아버지와 함께 11년째 동거 중이나 조그마한 소형주택을 갖고 있습니다. 이때 상속세가 크게 달라질 수 있나요?

A 차이가 있습니다. 무주택자인 상속인이 동거주택을 상속 받았을 경우에는 동거주택상속공제를 적용받을 수 있으나, 상속인이 유주택자인 경우에는 이를 적용받지 못합니다.

위의 사례에서 상속재산이 15억 원 아파트라면 본인은 동거주택상속공제를 적용받을 수 있으며 친구는 받을 수 없습니다.

따라서 10년이라는 동거 조건을 충족했을 때 약 1.7억 원의 세금을 절약할 수 있습니다.

구분	본인	친구	절세액
상속주택	1,500,000,000	1,500,000,000	
일괄공제	500,000,000	500,000,000	
동거주택상속공제	600,000,000	0	
과세표준	400,000,000	1,000,000,000	
세율	20%	40%	
상속세	70,000,000	240,000,000	170,000,000

　동거주택상속공제의 요건은 피상속인과 상속인(직계비속인 경우만 가능)이 상속개시일부터 소급하여 10년 이상 계속하여 한 주택에 동거해야 하며 동거주택 판정 기간에 계속하여 1세대를 구성하면서 1세대 1주택이여야 한다. 이 경우 상속개시일 현재 1세대 1주택인 경우로서 동거주택 판정 기간 중 무주택인 기간이 있는 경우에 해당 기간은 1세대 1주택에 해당하는 기간에 포함한다. 또한 상속개시일 현재 무주택자로서 피상속인과 동거한 상속인이 상속 받은 주택이어야 하며 상속인이 미성년자인 기간은 동거 기간에 포함하지 않는다.

　동거주택상속공제에서 핵심은 동거 기간이 10년 이상이어야 하며, 주택의 보유가 아닌 동거 여부에 중점이 둔다는 점이다. 따라서 주택을 보유하고 있지 않더라도 피상속인과 상속인이 10년 이상 동거한 경우에 해당 기준을 충족할 수 있다.

Q 어머니가 사망한 지 얼마 안 되서 아버지가 사망하셨는데 또 상속세를 많이 내야 되나요?

#단기재상속 #세액공제

어머니가 지병으로 1년 전에 사망하셨는데 아버지마저 올해 사망하시게 되었는데 어머니가 사망할 당시 어머니의 상속재산인 아파트(시가 15억 원)로 인해 상속세를 8,500만 원을 냈는데 아버지가 올해 사망하시어 해당 아파트와 아버지 소유의 토지(시가 1억 원)를 상속 받았습니다. 이 경우 어머니가 사망하셨을 때 상속 받았던 아파트와 토지를 합한 금액이 상속재산이 되어 다시 상속세를 내야 되는 건가요?

A 아닙니다. 해당 사례의 경우에는 단기재상속공제를 받을 수 있으며, 아버지 사망 시기가 어머니 사망 후 2년 이내이기 때문에 90%의 단기재상속공제를 적용받아 약 천만 원 정도의 세금만 부담하게 됩니다.

부모님이 살아 계시다가 한 분이 사망하시면서 상속이 개시될 때 상속인들의 고민은 배우자에게 얼마만큼의 상속재산을 나눠 주느냐이다. 법정상속분대로 하는 경우도 있으나 어머님의 건강도 그리 좋지 않다면 또 한 번의 상속세를 내야 되는 거 아닌가 하는 걱정을 많이들 하신다. 이러한 것을 보완하는 제도로 단기재상속공제라는 것이 있다.

단기재상속공제는 상속이 개시되어 상속세가 부과된 후 10년 이내 상속인이나 수유자의 사망으로 다시 상속이 개시되는 경우에는 전의 상속세가 부과된 상속재산 중 재상속분에 대한 전의 상속세 상당액을 상속세 산출세액에서 공제하는 것을 말한다.

이는 단기간 내에 상속이 재개됨으로써 동일한 상속재산에 대하여 상속세를 중복하여 과세하지 않기 위함이다.

〈공제율〉

재상속 기간	1년 내	2년 내	3년 내	4년 내	5년 내	6년 내	7년 내	8년 내	9년 내	10년 내
공제율 (%)	100	90	80	70	60	50	40	30	20	10

이러한 단기재상속공제는 사전증여재산의 경우에도 적용받을 수 있다. 단기재상속공제에 대한 정보를 납세자가 세무대리인에게 얘기하지 않는 경우 종종 해당 상속공제를 누락하고 신고하는 경우가 있다. 잘 알아두셨다가 빠트리지 말고 적용받으시길 바란다.

이민을 가면 상속세를 피할 수 있을까?

#비거주자상속세 #상속이민 #비거주자란?

다른 재산들은 사전에 증여를 했고 현재 현금만 20억 원 정도 남아 있는데 지금 이민을 가면 상속세가 안 나올까요?

A 현재 갖고 계신 현금을 다 해외로 가져가실 수 있다면 상속세는 없을 수 있습니다. 이민을 가면서 재산도 모두 외국에 있을 때 상속세 납세의무가 없는 것이기 때문입니다. 또한 피상속인이 세법에서 규정하고 있는 비거주자에 해당할 때 국외에 있는 자산에 대해서만 상속세 의무가 없는 것입니다.

만약 비거주자가 되더라도 현금을 다 국외로 반출하지 못한 채 사망하시게 되면 이는 엄청난 상속세를 야기시킬 수 있습니다.

한국은 현재 상속세가 거의 세계 1위인 국가이다. 그래서인지 요즘 상속세가 무서워 이민을 생각하는 부모님들이 많다. 하지만 이러한 선택을 아주 신중하게 해야 한다.

한국의 상속세를 적용받지 않으려면 비거주자여야 하는데 국적이 한국이 아니라고 해서 무조건 비거주자가 되는 것은 아니다. 그럼 비거주자는 무엇일까?

비거주자란 거주자가 아닌 자를 말하는데 여기서 거주자는 국내에 주소를 두거나 183일 이상 거소를 둔 자를 말한다. 계속하여 183일 이상 국내에 거주할 것을 통상 필요로 하는 직업을 가진 때나 국내에 생계를 같이하는 가족이 있고, 그 직업과 자산상태에 비추어 계속하여 183일 이상 국내에 거주할 것으로 인정되는 때에는 국내에 주소를 둔 것으로 보아 거주자가 되는 것이다.

국세청에서는 거주일수, 직업, 부양하는 가족, 주요한 자산의 위치, 세금신고, 기타 경제 및 법률관계를 종합적으로 보고 거주자와 비거주자 여부를 판단한다.

상속세에서는 피상속인이 비거주자인지를 기준으로 결정된다. 피상속인이 비거주자라면 국내에 있는 모든 상속재산에 대해서만 상속세가 과세된다. 피상속인이 비거주자의 경우에는 기초공제(2억 원) 감정평가수수료공제만 가능할 뿐 그 밖의 인적공제 및 일괄공제 등 상속공제는 적용되지 않는다.

따라서 상속세를 절세하기 위해 비거주자가 된다면 국내의 자산정리를 미리미리 꼼꼼하게 하시는 것이 중요하다.

상속세 신고를 안 하면 어떻게 되나요?

#상속세신고기한 #상속세무신고가산세

상속세는 신고해도 조사가 끝나야 완료된다고 하는데 굳이 신고를 하지 않아도 되지 않나요?

Ⓐ 아닙니다. 상속세는 신고에 의해 확정되는 세목은 아니지만 납세자에게 자진신고의무는 존재하므로 반드시 신고를 해야 합니다.

신고를 하지 않을 경우에는 가산세가 있으며, 신고를 한 경우에는 3%의 신고세액공제를 적용받을 수 있으므로 신고는 꼭 하셔야 합니다.

상속세는 상속개시일(사망일)로부터 6개월 이내 신고 & 납부를 해야 하며 기한 내 신고를 했을 경우, 산출세액의 3%를 세액공제해 준다.

만약 상속세 신고기한 내에 상속세 신고를 하지 않았을 경우에는 다음과 같이 가산세가 부과된다.

* 무신고가산세 : 산출세액의 20%(단, 부정의 경우 40%)

* 과소신고가산세 : 산출세액의 10%(단, 부정의 경우 40%)

* 납부지연가산세 : 신고기한 다음 날의 미납세액 × 미납일수 × 10만분의 22(연 8.030%)

만약 상속세 신고기한까지 신고하지 못했다면 그 이후라도 최대한 상속세는 빨리 신고하는 것이 유리하다. 왜냐하면 가산세 감면이 있기 때문이다.

가산세는 신고기한이 지난 후 언제 신고하냐에 따라 감면율이 다음과 같이 다르기 때문에 최대한 빨리 신고하는 것이 추가적인 비용을 감소시킬 수 있는 방법이다.

〈가산세감면〉

① 법정신고기한이 지난 후 2년 이내에 수정신고를 한 경우

법정신고기한 경과 후	가산세감면 비율
1개월 이내	90%
1~3개월 이내	75%
3~6개월 이내	50%

6개월~1년 이내	30%
1년~1년 6개월 이내	20%
1년 6개월~2년 이내	10%

② 법정신고기한이 지난 후 6개월 이내에 기한 후 신고를 한 경우

법정신고기한 경과 후	가산세 감면 비율
1개월 이내	50%
1~3개월 이내	30%
3~6개월 이내	20%

부동산만 상속 받아 상속세를 낼 돈이 없는데 어떻게 해야 되나요?

#분납 #연부연납 #상속세납부 #물납

저희는 엄마가 살던 단독주택 한 채를 상속 받았는데 이곳은 저희의 유년 시절과 부모님과의 추억이 있는 집이라 팔고 싶지는 않습니다. 하지만 4천만 원 정도 되는 상속세를 일시에 납부하기는 힘든데 좋은 방법이 없을까요?

A 상속세를 일시에 납부하기 힘들 때는 분납 혹은 연부연납의 방법을 선택하여 납부하실 수 있습니다.

상속세는 상속인이 상속 받은 재산의 가치에 대한 세금이다. 상속 받은 재산이 금융재산이라면 해당 금융재산에서 상속세를 납부하면 되지만 부동산같이 바로 현금화하기 힘든 재산을 상속 받은 경우에는 일시에 고액의 상속세를 납부하는 것은 쉽지 않다. 그렇기 때문에 분납과 연부연납이라는 제도가 존재한다.

분납이란 납부해야 할 상속세가 1천만 원을 초과하게 된다면 신고납부 기한이 지난 후 2개월 이내에 분할납부가 가능하다. 이 때 분할납부하는 금액에 대해서는 다음과 같은 기준으로 납부해야 한다.

- 납부세액이 2천만 원 이하일 경우
  : 1천만 원을 기한 내 먼저 납부하고 나머지 금액은 2개월 이내에 분할 납부

- 납부세액이 2천만 원을 초과할 경우
  : 세액의 50% 이상을 기한 내 납부, 나머지 금액을 2개월 이내에 납부

연부연납은 신고납부를 할 상속세액이 거액이기에 일시 또는 분할납부하기 곤란하다 판단될 때 여러 해에 걸쳐 분할해 납부하도록 한 제도이다. 하지만 연부연납은 다음 요건을 충족할 경우에 한해 신청이 가능하다.

① 상속세 또는 증여세 납부세액이 2천만 원을 초과해야 함
② 기한까지 연부연납 신청서를 제출해야 함

③ 납세담보를 제공해야 함

연부연납 기간은 연부연납 허가일로부터 5년 이내 범위에서 납세자가 임의로 신청할 수 있다. 상속세에서 가업상속을 할 경우, 상속재산 중 가업상속재산 비율이 50% 미만인 경우에는 연부연납 허가일로부터 10년간 분할납부, 가업상속재산의 비율이 50% 이상인 경우에는 연부연납 허가 후 20년 간 분할납부가 가능합니다. 증여세에서는 5년간 분할납부가 가능하다.

예를 들어 연부연납 기간이 5년이라면 전체 납부세액에서 1/6은 증여세 신고납부기한에 1차로 납부, 나머지 5/6를 연부연납 세액으로 신청하는 방식이다.

연부연납 세액 납부 규모도 반드시 5/6가 되어야 하는 것은 아니고 금액을 선택할 수 있다.

따라서 연부연납 기간을 2년 or 3~4년으로 신청하는 등 매회 납부분이 1천만 원만 초과한다면 자유롭게 선택할 수 있다. 이 때 발생하는 연부연납 가산금은 2.9%이다.

💡 **물납**

납세지 관할 세무서장은 다음의 요건을 모두 갖춘 경우에는 납세의무자의 신청을 받아 물납을 허가할 수 있다.

① 상속재산 중 부동산과 유가증권의 가액이 해당 상속재산가액의 2분의 1을 초과할 것

② 상속세 납부세액이 2천만 원을 초과할 것

③ 상속세 납부세액이 상속재산가액 중 금융재산가액을 초과할 것

④ 물납신청기한까지 납세의무자가 물납신청을 할 것

⑤ 물납에 충당할 수 있는 부동산과 유가증권으로 물납을 신청할 것

상속세 세무조사! 반드시 하는 걸까?

#상속세세무조사

상속세는 납세자의 자진신고로 종결되는 세목이 아니라 세무조사를 거쳐 정부가 결정하는 방식으로 종결되는 세목이다. 따라서 상속세는 신고를 하게 되면 일단 세무조사는 반드시 받는다고 생각하면 된다. 세무조사라고 하면 본인의 다른 세목들까지 문제가 될까 봐 무서워하는 사람들이 많다.

그러나 너무 걱정하지 않아도 된다. 상속세 경험이 많은 세무전문가와 미리미리 점검하고 검토해서 준비한다면 상속세와 관련된 다른 많은 문제들까지도 대비가 가능하다.

상속세 신고에 있어 가장 중요한 것은 세무조사 시에 발생할 문제들을 미리 검토 후 충분히 세무대리인과의 상담을 통해 세무대리인과 상속인이 협력한다면 세금의 위험성을 많이 줄일 수 있다.

세무대리인과 세무조사에 잘 대비한다는 의미는 세무조사 시에 살펴볼 수 있는 사항을 미리 점검하여 세무공무원이 질문하거나 소명할 내용에 대해 사전에 준비해 놓는 다는 것이다.

세무조사 시에 세무공무원이 요구한 서류를 수일 내에 준비하기는 매우 바쁘기도 하고 자세히 점검할 시간도 부족할 수 있기 때문이다.

상속인들이 상속세 신고를 하게 되면 일반적으로 6개월에서 1년 사이에 세무조사 사전통지서를 받게 된다. 웬만하면 2년 이내에는 상속세 세무조사가 이뤄진다. 사전통지서에는 세무조사를 하는 대상자의 인적사항, 대상세목, 대상기간, 조사기간, 조사 사유 등이 표시되어 있으며 하단에는 조사기관명과 조사담당자이름, 연락처 등이 기재되어 있다.

조사기간은 일반적으로 2~3개월 정도이다. 상속재산가액이 50억 원 이상 신고서는 지방국세청 조사국으로 넘어간다. 상속재산이 50억 원이 안 되더라도 조사결과에 따라 재산가액이 50억 원이 넘을 것으로 추정되는 사유가 있는 경우에는 지방국세청에서 조사할 수 있다.

만약 상속재산이 적거나 상속세 신고에 조사사항이 없을 것으로 판단되면 조사 없이 종결되는 경우도 종종 있다.

지방청 조사가 세무서에 비해 조사기간도 길고 조사과정도 더 힘들다고 볼 수 있다. 그래서 납세자도 세무대리인도 가능하면 세무서 조사를 받길 원한다. 지방청으로 넘어가는 기준금액은 상속세는 재산가액 50억 원 이상 증여세는 30억 원 이상이라고 볼 수 있다.

기준금액은 상속세재산가액은 상속개시일 당시 피상속인이 보유한 재산과 보험금, 퇴직금 등 간주상속재산과 10년 이내 상속인에게 사전증여한 금액의 합이다.

이러한 것에 비추어 보면 재산가액이 50억 원이 넘는다면 사전증여로 상속재산가액을 낮추는 것도 조사를 좀 더 수월하게 받을 수 있는 팁이라고 할 수 있다.

힘든 세무조사가 종결되면 납세자는 세무조사 결과통지서와 조기결정 신청서를 수령하게 된다. 조사 결과에 따라 추가로 세금을 납부해야 하는 경우에 조사결과를 인정할 수 없다면 납세자는 30일 이내에 각 조사기관의 납세자보호담당관실에 과세전적부심사청구라는 일종의 불복 절차를 신청할 수 있다.

과세전적부심사청구를 하는 경우에는 인용 또는 기각결정에 따라 상속세 고지서를 받게 된다. 상속세 고지서를 수령한 후 90일 이내에 이의신청, 국세청 심사청구, 조세심판원 심판청구 또는 감사원 심사청구 등의 불복 절차를 진행할 수 있으며, 이의 신청의 경우에는 결과에 따라 심사 또는 심판청구를 다시 신청할 수 있으나 감사원심사청구는 하지 못한다. 여기서도 기각되면 기각된 사실을 안 날로부터 행정소송을 다시 90일 내 신청할 수 있다.

만약 특별히 불복할 내용이 없는 경우, 조기결정신청서를 제출하는 것이 유리하다. 왜냐하면 납부기한이 늘어남에 따라 납부불성실 가산세가 추가로 나올 수 있기 때문이다. 조기결정신청서를 제출한다는 것은 가산세를 줄임과 동시에 세무조사결과에 승복한다는 의미이다.

💡 세무조사 시 국세청체크리스트

기본적으로 세무조사 시 국세청에서 중요하게 체크하는 내용은 다음과 같다.

준비 조사 단계	1. 상속세 신고서와 첨부서류 확인 2. 국세청시스템에 의한 상속재산 등 데이터베이스 조회 (피상속인은 물론 상속인과 상속인의 배우자까지도 조회 가능) 3. 고액부동산의 최근 등기부등본 등 각종 공부요청 4. 예금, 보험금, 퇴직금, 주식 보유 내용 조회 5. 사업자의 경우 잔존재화, 채권, 채무 조회 6. 비상장주식 평가를 위한 재무제표 등의 확보
본조사 단계	1. 재산현황 조사서 작성 2. 데이터베이스상의 상속재산 내역과 납세자의 상속세 신고내역을 대조하여 신고재산이 누락된 것이 없는지 검토 3. 상속재산평가 관련 4. 상속개시 전 10년 또는 5년 이내 증여재산 검토 5. 비상장주식이 있는 경우, 적정평가여부 6. 상속개시 전 1년 또는 2년 이내 예금인출, 처분 재산, 발생부채 검토 7. 예금입출금내역서를 작성하고 연결된 계좌가 추가로 있는지 검토 8. 공과금공제항목과 장례비공제의 적정성 여부 9. 개인적 채무에 대하여 객관성 있는 사채인지 여부 또는 사업용 채무에 대하여 실지 거래처 확인 10. 상속공제의 종합한도검토 11. 금융재산상속공제 제외 대상 검토 12. 임대보증금에 대한 실지조사, 임대료 등 부가가치세 신고내용 검토 13. 사업용 자산 부채의 변동내역 검토 및 기타 가등기채권, 법인가수금 채권 등 누락여부 14. 생전 거래한 부동산 매매대금이 피상속인 명의 계좌에서 매매계약 내용에 따라 적정하게 입출금되었는지 여부 15. 차명부동산이나 차명예금 유무 확인

이 내용 이외에도 피상속인의 재산상태에 따라 세무공무원이 질문할 수 있는 내용은 다양하고 복잡하다. 신고 시에 세무조사에 잘 대비하여 준비해 놓는다고 해도 상속세라는 세목 자체가 피상속인이 사망 후에 신고하는 세목으로써 피상속인의 생전행위를 상속인들이 다 알기도 어렵고, 차명이나 사업상문제 등 예상하지 못한 문제들이 지적되는 경우에는 세무조사를 통해 세금을 추가적으로 내야 하는 상황도 얼마든지 발생할 수 있다.

국세청의 정보력에 비해 세무대리인과 상속인들의 정보력은 떨어질 수밖에 없다. 따라서 세무조사 시에 추가세금이 안 나오면 베스트라고 보면 된다.

이처럼 상속세는 신고도 중요하지만 그보다 세무조사에 대한 대응도 매우 중요하다. 상속세를 신고했다면 그에 따른 세무조사 역시 상속세 신고가 종결되기 위한 절차라고 생각하는 것이 좋다.

다시 한번 상속세를 신고함에 있어 미리 준비하고, 점검하고, 검토하여 꼼꼼히 챙겨야 한다는 것을 강조한다.

💡 유언 관련

유언의 방식에는 자필증서, 녹음 , 공정증서, 구수증서 등이 있다.

(1) 자필(自筆) 증서에 의한 유언 : 유언자가 그 전문(全文)과 연월일ㆍ성명을 스스로 쓰고 날인하여야 한다. 글자를 삽입ㆍ변경ㆍ삭제함에는 유언자가 이를 자서(自書)하고 날인하여야 한다(1066조).

(2) 녹음에 의한 유언 : 유언자가 유언의 취지 및 성명과 연월일을 구술(口述)하고, 이에 참여한 증인이 유언의 정확함과 그 성명을 구술하여야 한다(1067조). 미성년자ㆍ피성년후견인ㆍ피한정후견인, 유언으로 이익을 받을 자 및 그 배우자와 직계혈족 등은 유언에 참여하는 증인이 될 수 없다(1072조 1항).

(3) 공정증서에 의한 유언 : 유언자가 증인 2인이 참여한 공증인의 면전에서 유언의 취지를 구수(口授)하고, 공증인이 이를 필기ㆍ낭독하여 유언자와 증인이 그 정확함을 승인한 후 각자 서명 또는 기명날인하여야 한다(1068조). 공증인법에 의한 결격자는 이 유언의 증인이 되지 못한다(1072조 2항).

(4) 비밀증서에 의한 유언 : 유언자가 필자의 성명을 기입한 증서를 엄봉ㆍ날인하고, 이를 2인 이상의 증인 면전에 제출하여 자기의 유언서임을 표시한 뒤, 그 봉서표면에 제출 연월일을 기재하고 유언자와 증인이 각자 서명 또는 기명날인하여야 한다. 이 유언봉서는 그 표

면에 기재된 날로부터 5일 내에 공증인 또는 법원서기에게 제출하여, 그 봉인 위에 확정일자인을 받아야 한다(1069조). 이 유언의 방법에 흠결이 있는 경우에, 그 증서가 자필증서의 방식에 적합한 때에는 자필증서에 의한 유언으로 본다(1071조).

(5) 구수증서에 의한 유언 : 질병, 기타 급박한 사유로 위의 4가지 방식에 의할 수 없는 경우에 유언자가 2인 이상 증인의 참여로 그 1인에게 유언의 취지를 구수하고, 그 구수를 받은 자가 이를 필기·낭독하여 유언자와 증인이 그 정확함을 승인한 후, 각자 서명 또는 기명날인하여야 한다. 이 유언은 증인 또는 이해관계인이 급박한 사유의 종료일로부터 7일 내에 법원에 그 검인(檢認)을 신청하여야 한다. 이 유언에는 미성년후견인의 의사능력이 회복된 상태를 의사가 유언서에 부기할 필요는 없다(1070조).

💡 단순승인, 한정승인, 상속포기

· 단순승인 : 피상속인의 권리와 의무를 무조건적, 무제한적으로 승계하는 것을 단순승인이라고 한다. 상속인이 특별한 의사표시를 통해 한정승인, 상속포기 신청을 하는 경우가 아니라면 일반적인 상속의 효과는 원칙적으로 단순승인이 된다.

· 한정승인 : 상속으로 인해 취득한 재산의 범위 내에서 채무를 부담할 것을 조건으로 하므로 자기의 고유재산으로 변제할 필요는 없다. 상속인은 상속개시가 있음을 안 날로부터 3개월 이내에 상속재산의 목록을 첨부하여 가정법원에 한정승인을 신청할 수 있다. 그러나 상속

채무가 상속재산을 초과하는 사실을 중대한 과실 없이 알지 못하고 단순승인을 한 경우에는 그 사실을 안 날로부터 3개월 이내에 한정승인을 할 수 있다.

· 상속포기 : 피상속인의 재산에 대한 모든 권리, 의무의 승계를 부인하고 상속개시 당시부터 상속인이 아니라는 효력을 발생하게 하는 단독의 의사표시이다. 상속을 포기하려면 상속개시가 있음을 안 날로부터 3개월 이내에 가정법원에 포기 신고를 하면 된다. 공동상속인의 경우, 각 상속인 개별적으로 단독 포기할 수 있으며, 포기한 상속분은 다른 상속인의 상속분 비율로 다른 상속인에게 귀속된다.

💡 유류분제도

유류분제도란 피상속인의 자의로부터 어느 정도 상속인을 보호하기 위한 방법으로 피상속인의 의사가 무엇보다 존중되어야 하지만 재산의 일정 비율까지는 상속인에게 승계되도록 보호하는 제도라고 볼 수 있다.

이때 유류분제도가 적용되는 상속인에는 배우자, 직계비속, 직계존속, 형제자매까지만이며 선순위의 상속인이 있는 경우 후순위의 상속인은 유류분행사를 할 수 없다. 이러한 유류분은 배우자와 직계비속은 법정상속분의 1/2 직계존속과 형제자매는 법정상속분의 1/3까지 유류분이 인정된다.

유류분의 범위 내에서는 재산의 반환청구가 인정되며, 증여 또는 유증이 있음을 안 날로부터 1년 이내에 청구해야 한다. 또 사망일로부터 10년이 지나면 반환청구권은 소멸된다.

만약 공동상속인 중 어느 한 상속인이 너무 많은 재산을 증여 받아 나머지 공동상속인의 유류분을 침해하는 경우에는 사전에 증여 받은 재산을 모두 합산한 가액을 기준으로 법정상속지분과 유류분 한도액을 계산한 후 유류분을 침해한 부분이 있으면 그 유류분 권리자에게 재산을 반환하게 된다.

만약 상속포기 또는 유류분 포기각서를 피상속인 생전에 작성하였더라도 이는 효력이 없다. 상속권과 유류분 모두 피상속인의 사망 이후에 발생하는 권리이기 때문이다.

💡 과세체적기간

상속세·증여세의 국세를 부과할 수 있는 기간은 국세를 부과할 수 있는 날부터 10년으로 한다. 다만, 사기, 무신고, 허위로 신고한 경우에는 15년을 적용한다.

또한 다음 재산 합계액이 50억 원을 초과하는 경우 상속증여가 있음을 안 날부터 1년 이내에는 상속세 및 증여세를 부과할 수 있다.

- 제3자 명의 재산을 상속증여 받은 경우
- 계약 이행 중의 재산
- 국외 소재 재산
- 유가증권 등
- 차명금융재산
- 피상속인이 비거주자
- 상증법에 따른 명의신탁 증여의제의 경우
- 국내 가상사업자를 통하지 않은 가상자산

누구도 피할 수 없는 상속과 세금
상속의 시대

ⓒ 이종은 · 박지원 · 임은지 · 김원일, 2024

초판 1쇄 발행 2024년 2월 27일

지은이	이종은 · 박지원 · 임은지 · 김원일
펴낸이	이기봉
편집	좋은땅 편집팀
펴낸곳	도서출판 좋은땅
주소	서울특별시 마포구 양화로12길 26 지월드빌딩 (서교동 395-7)
전화	02)374-8616~7
팩스	02)374-8614
이메일	gworldbook@naver.com
홈페이지	www.g-world.co.kr

ISBN   979-11-388-2796-6 (13320)